读客® 这本史书真好看文库

轻松有趣，扎实有力

古代人的日常生活

讲历史的王老师 著

江苏凤凰文艺出版社
JIANGSU PHOENIX LITERATURE AND
ART PUBLISHING, LTD

目　录

如果你不知道读什么书

就关注这个号

微信号：shudanlaile

书单来了

关注后，回复数字，即可查看相关书单

1. 这5本小说将中国文学抬到了世界高度

2. 5本适合零碎时间读的书，有趣又长知识

3. 等孩子长大，一定会感谢你给他看这5本书

4. 这5本书，都是各自领域的经典之作

5. 我要读什么书，能够让我内心强大？

6. 情绪低落的时候，就看这5本书

7. 这5本小书，我打赌你一本都没看过

8. 十个心理成熟的人，九个读过这5本书

9. 5位大师的巅峰之作，好看得让你灵魂震颤

10. 这5本书启发你思考，怎样度过你的一生

......

这里有500万爱读书的小伙伴！
等你来哦！

认准半小时漫画

专治上课不明白

"半小时漫画"是一个致力于用漫画普及通识教育的国民级品牌，问世至今已获得数千万中国读者，尤其是中小学生及老师家长的欢迎。

主创陈磊和他的"混知"团队，致力于用漫画这种轻松的形式，把一本正经的教科书变成有趣又有料的漫画科普书，无论是语文、数学、英语、物理、化学，还是历史、经济、生物、地理，所有在上课时搞不明白的知识点和考点，半小时漫画通通帮你在哈哈大笑中轻轻松松搞明白。

认准半小时漫画，专治上课不明白

"半小时漫画"系列现已出版

情感篇：古人谈恋爱，不在七夕节

社会篇：古人工作，什么行业最赚钱

序

本书主要讲述古人的日常生活。鉴于许多朋友离开学校的历史课多年，可能连中国历史朝代顺序都记不清了，所以我们先"温故"一下，而后再"知新"。

中华文明是人类历史中唯一没有中断过的古文明，一朝一代延续下来，犹如地层之堆积。每个朝代都有详细的历史记载，光是官修正史，就有"二十四史"或"二十五史"之多。这么多的朝代，该如何来记呢？我们可以根据朝代特点，将众多朝代整合分成六个大时期，分别是：先秦、秦汉、三国两晋南北朝、隋唐、五代辽宋夏金、元明清。

第一个时期是先秦。所谓先秦，就是秦统一之前，包含夏、商、周三朝。夏朝作为一个历史朝代是否真的存在，史学界还存在争议。姑且按照其存在来计算，中华文明史是四千年左右。而我们常说的中华上下五千年，是把夏朝之前的传说时代和史前的原始社会史都算了进来。但一般来说，判断文明诞生的重要标准是文字的出现，所以甲骨文出现后的中国历史才是毫无争议的文明史。甲骨文是商朝诞生的，算下来已有三千多年。先秦时期是中华文明的奠基时期，相当于中华文明的襁褓与少儿阶段。

第二个时期是秦汉。秦朝短短二世而亡，之后是汉朝。汉朝中间有个王莽篡权的插曲，这又把汉朝分为西汉和东汉，也叫前汉和后汉。秦汉是中国历史上第一个大一统时期，制定了许多延续千年的制度。这一时期相当于中华文明的少年时代，朝气蓬勃，荷尔蒙旺盛。

第三个时期是三国两晋南北朝。当时国家正处于大分裂状态，北方少数民族入主中原推动了民族大融合，中原文明则"衣冠南渡"，江南因此得到了开发。这一时期相当于中华文明少年长大后的青春期阶段，既有少年时代的烦恼，又有青春期的躁动。

第四个时期是隋唐。这一时期国家再次实现了统一，文明也蓬勃发展。唐朝文化自信、开放、包容。既海纳百川，又普照万邦；既影响后世，又辐射周边。这一时期相当于中华文明意气风发的青年阶段，充满着诗情，眺望着远方。

第五个时期是五代辽宋夏金时期。在这一时期，中原地区相对统一，周边少数民族政权并立。主体朝代是代表中华文明登峰造极状态的宋朝，其经济之富庶、文化之繁荣、政治之文明，已达近代化前夜。宋朝的历史地位，相当于中华文明事业有成、心态成熟的中年阶段。只是面对少数民族政权的崛起，宋朝应付得有些力不从心，产生了"中年危机"。

第六个时期是元明清三朝。国家高度统一，专制皇权达到巅峰。但由于政治上的高压政策，社会压抑，科技也逐渐落后于西方。这个时期相当于古代中华文明的暮年阶段。人到暮年，浑浑噩噩，身体慢慢衰老。终于，在西方近代文明的坚船利炮之下，中国古代史走向了死亡。

以上这六个时期，彼此之间其实有规律可言，即分裂与统一之交替排列。先秦是分裂的，秦汉是统一的，三国两晋南北朝是分裂的，隋唐又是统一的，五代辽宋夏金是分裂的，元明清又是统一的。正应了《三国演义》开篇之言：天下大势，分久必合，合久必分。

当人们遥望浩瀚星河，回首千年中华，可能会产生穿越回去的冲动。那么，穿越回哪个朝代会更幸福呢？

无论在哪个朝代，王侯将相永远都是幸福的，因为他们是特权阶层。普通民众则有时欢喜有时愁。我们都是普通百姓，不必替特权阶层瞎操心，只需要考虑我们自己的幸福感。影响幸福感的因素是多方面的，主要有以下四点：社会稳定程度、经济发展水平、政治文明水准与文化繁荣程度。

最不幸的朝代，连人的基本生存都无法保障。秦、三国两晋南北朝与五代中的大部分就属这样的朝代。战争连年，老百姓没有安稳的日子过。今天被征兵，明天就可能战死沙场，活命都是难题。

我们读三国，感觉那个时代英雄辈出，却较少想到在其背后是政治上的大混乱。并非时势造英雄，而是乱世造英雄。仔细想想，如果是和平安定的时代，老百姓安居乐业，国家机器正常运转，哪里需要英雄挺身而出呢？越是乱世，越是出英雄——也并非都是英雄，大部分乃是枭雄。混乱的时代，社会经济发展也会受到影响，老百姓可支配的钱财物资因战争被国家竭泽而渔。《汉书》记载秦朝"内兴功作，外攘夷狄，收泰半之赋"，所谓"泰半之赋"就是指国家要征收走总收入的三分之二。即使你没死于战场，也不过是国家收税时待割的"韭菜"而已。这些时代更谈不上政治文明，靠的都是尔虞我诈、弱肉强食，白骨之下出顺从。然而，三国两晋南北朝时期并非一无是处，至少在文化上是自由的。这种自由主要源于朝廷对国家管控能力的下降。

比上述几个混乱时代稍好一点的是元明清，君主专制社会的巅峰时代。文化上很压抑，但社会稳定，经济也能发展，老百姓虽不自由，但至少活下去没多大问题。有的朋友会认为元朝有四等人制度，清朝又是满族人统治，明朝会比这两个少数民族政权好不少。其实真没有好多少，少数民族政权尽管有民族不平等政策，但这种不平等在基层社会的体现并没有那么明显。换句话说，作为普通人的老百姓，永远生活在社会的底层，在任何一个封建王朝都是被权贵阶层奴役的命。元明清三朝的区别，仅在于权贵的民族属性不同。同样都是奴仆，换个主子难道就幸福了吗？

汉朝与隋唐是比较幸福的时代，中华文明开放而自信，八方来贺，万国来朝，奠定了中华文化圈的基础。这几个朝代的经济也相当富庶，特别是隋唐的盛世时期。杜甫回忆中的开元盛世是"稻米流脂粟米白，公私仓廪俱丰实"的时代。注意，杜甫说的是政府和老百姓都很富，并不像康乾盛世，政府很富有，老百姓却吃不饱饭。然而，如果你要穿越回汉朝的武帝时代则需要慎重，那可是"一将功成万骨枯"的时代。不要期待自己上了战场就会成为拓土开疆的万户侯，"白骨乱蓬蒿"的下场可能性更大。

最幸福的时代要属宋朝，少有的重商主义王朝，民殷国富。宋朝统治者还颇具人情味，赵宋朝廷立下祖训不杀文人士大夫，很讲政治文明。另外，宋朝城市发达，有夜市。要知道在唐朝之前，晚上是不能随便出门上街的。宋朝还有娱乐场所"瓦子"，生活舒适得很。史学家陈寅恪就讲过华夏文明"造极于赵宋之世"。如果真的能穿越回去，王老师一定穿越回宋朝。

生活篇：
古人没厕纸，怎么上厕所

02

古代的厕所长什么样子

有人统计过,一个成年人平均每天上厕所6~8次,算下来一年就有2500次。按照平均每次两分钟计算,人的一生中,大约有整整一年的时间是在厕所中度过的。与我们一路相伴的厕所,在古代又是什么样子呢?

在上古时代,厕所很简陋,就是露天挖一个大坑,人在坑边上如厕。后来,人们在粪坑上面搭建了小屋,估计是怕露天风大把人吹进粪坑。那时候上厕所的确是一件危险的事,如果不小心掉进坑里,不摔死也会被淹死。你别笑,历史上还真有这样的事:春秋时的晋景公,就是如厕时掉进粪坑淹死的。《左传·成公十年》就记载过晋景公"如厕,陷而卒",但也有人分析他是上厕所时突发疾病才掉进粪坑死的。晋景公因此成为历史上第一个在厕所殉职的君主,估计也是唯一的。

△ 西汉红陶厕所（内蒙古博物馆收藏）

　　到了汉朝，厕所一般设在宅院的后方，搭建在高处，下面连通猪圈，人排泄出来的粪便可以直接掉进猪圈给猪吃，这种厕所叫作"圂"（hùn）或"圂厕"。圂厕的好处有三个。首先，把厕所和猪圈两个污秽处结合在一起，减少了污染源，并将人畜粪合一，方便清理利用。怎么利用？用来做肥料。在没有化肥的古代，人畜粪便是最好的农业肥料。其次，将人粪作为猪的辅助食料，有利于资源再利用。另外，将厕所设在猪圈上方，结构立体，占地面积小，从而达到了节约空间的目的。这种圂厕至今还流行于陕南、四川等部分地区。但圂厕也有一个弊端，就是猪食用人类粪便可能会引发寄生虫病。

古代还流行一种便携式的如厕器具，因其形状似老虎，所以叫作虎子，也就是我们俗称的夜壶。至于为何以虎为器形，说法比较多。有的认为这是古人表示对老虎的厌恶。还有一种说法认为这和汉朝名将李广有关——据《西京杂记》记载，李广打猎射死一只老虎，便"铸铜像其形为溲器，示厌辱也"。但现存最早的虎子是战国时期墓葬出土的，这说明虎子的出现远在李广之前。

△ 东汉越窑褐釉虎子（浙江省博物馆收藏）

虎子极大方便了古人如厕，这说明古人也很懒，晚上也不愿意到屋外面上厕所。不光男人可以用虎子，古代也有女用虎子，这种虎子口部偏大，口部上方还有一个盘子形状的外延，防止尿到外面。

到了唐朝，由于开国皇帝李渊的爷爷叫李虎，而古人讲究避尊者讳，怎么能把开国皇帝爷爷的名字用在如厕的器具上呢？于是，"虎子"就改名为"马子"。古人对马子的要求也随之变高，不光要能用来装尿，还要能装粪便，所以马子的形制也加大了，变成了桶形，"马桶"因而诞生。

马桶一经发明，广受城市居民喜爱，以其占地小、味道轻、方便清理等优点成为城市居民居家必备之物。古人也讲究环保，马桶装满了，是不可以随处倾倒的，必须由专门的人来收。这种城市里专门收集运输粪便的职业，在唐宋时叫作"倾脚工"。他们挨家挨户收集粪便，并将其运送到城市周边的农村贩卖，获利颇丰。唐朝有个叫罗会的人以收粪为业，竟然成为富豪。《朝野佥载》记载："（罗）会世副其业，家财巨万。"由此看来，掏粪工在唐朝还是个高薪职业。

到了南宋，粪便收集已经形成了相当规模的市场，竞争十分激烈，还有人还为了争夺收粪市场而进行诉讼。

明清时期，北京城内从事粪便清运职业的人被称为"粪夫"。他们将收集到的粪便运到郊外的"粪厂"，粪厂会将粪便晾晒成肥料卖给农民来获利。生活在不同区域的居民，产生的粪便是不一样的，其价值也不同。比如富人区吃得好，粪便质量高，肥力足，能卖上好价钱。因此，粪夫们经常为了争夺"高端市场"而发生争斗。到了清朝初年，粪夫们商议划定了专属工作区域，并签字画押，不得越界收粪。这种固定的收粪区域和收粪路线，被称为"粪道"，这是一种特殊的"特许经营权"，还可以转让买卖。其他城市的情况也是如此，例如上海的粪夫绰号"倒老爷"。

　　直到近代普及抽水马桶后，粪夫的职业才慢慢消失。厕所的进步，是衡量人类文明发展的重要尺度。一部厕所的发展史，就是人类文明的进步史。

03
古人上厕所用什么

　　上一篇讲了古代的厕所什么样，这一篇继续聊重口味的话题，讲讲古人上完厕所用什么擦屁屁。

　　先放眼海外，看看其他古文明的人们用什么擦屁股。据说罗马帝国时就已经有了公厕，公厕内的擦屁屁材料是海绵。古罗马人将海绵绑在棍子的一端，沾湿后用来擦屁股。擦完后，将棍子插入

　　△　古代罗马人的厕所（想象图）

一个专门的水槽中浸泡海绵，水槽里盛有高浓度的盐水。盐水洗屁屁，有消毒杀菌的功效，倒也挺科学。只是大家共用一块海绵，不知会不会有交叉传染疾病的危险。

我们再将视角转回国内。今天人们上完厕所都用纸巾擦屁股，可造纸术是汉代才改进并推广的。即使是汉朝以后，中原文明也比较爱惜纸，认为那是文化用品，有了纸后很长时间里也没舍得用来擦屁股。直到元朝，蒙古族人入主中原，人们才开始普遍用纸擦屁股。可那时候的纸张想必没有今天的纸巾这般柔软，所以使用前得反复揉搓软化。说到这儿，王老师想起了电视剧《我爱我家》中的"金刚砂"牌手纸，老傅同志每次使用前，都得至少做10分钟的软化处理。元朝时也如此，据《元史·列传第三·后妃二》记载，"裕宗徽仁裕圣皇后"当太子妃的时候对婆婆"昭睿顺圣皇后"非常孝顺，婆婆上厕所擦屁股之前，她都会用自己的脸试试卫生纸的柔软度，柔软度够了才给婆婆用。明清两朝也继续使用纸张来擦屁股。小说《红楼梦》里，刘姥姥在大观园上厕所之前就找丫环要了纸。

那元朝之前古人用什么擦屁屁呢？答案是"厕筹"，又叫"搅屎棍"。这是一种二十多厘米长的条形木片或竹片，古人如厕后就用这个东西解决，具体使用方法，可能和"用木勺吃冰激凌"的操作差不多。中国人用厕筹的最早记载见于三国时代。有学者考证，厕筹应该是东汉时随着佛教戒律从印度传入中国的，后来又传到了日本。古代日本也用厕筹，近年来还有出土文物。

厕筹出现之前，古人用啥呢？现在已经无从考证了，毕竟古人对这种事情也羞于记载。但是我们可以合理猜测。新中国成立后一些贫穷的农村，人们上厕所还有的用树叶、秸秆、卵石，甚至土块。对比一下，汉朝以前的人上厕所可能就用这些。估计那时候人们得痔疮的概率一定很高。

我们今天上厕所使用的卫生纸，出现至今也就一百年的时间。其发明的过程还很戏剧化。据说在20世纪初，美国史古脱纸业公司购进一大批纸，可由于运送过程的疏忽，纸面因潮湿而产生皱褶无法使用。老板史古脱脑洞大开，在卷纸上打上一排一排的小洞，便于撕成小张纸片，然后卖给火车站、饭店、学校等地方，作为如厕用纸。史古脱将这种纸命名为"桑尼"卫生纸巾，因其柔软且好撕，在市场上大受欢迎，很快就风靡美国，尔后又走向世界。

这种卫生纸不久也传到了中国，成为当时的奢侈品，一般人是用不起的。这里还有个由卫生纸引发的小故事。1948年9月，国民党山东省主席王耀武，在与解放军作战失利后装扮成小商人逃遁到寿光县一个村庄，在一个桥下解手时，他习惯性地使用了美国进口的高级卫生纸。当时在中国很多地区，人们上完厕所后还是就地取材，用树叶、秸秆、土块啥的，所以这雪白的卫生纸引起了当地"朝阳群众"们的警惕，随即向解放军报了这一情况。解放军"顺纸摸瓜"，最终擒获王耀武。堂堂国民党高级将领最终栽在了擦屁股用的小小卫生纸上，令人不得不感叹这无常的人生。

04

古代女子那几天怎么办

这一篇我们聊聊古人来"大姨妈"的时候用啥。这里的"大姨妈"指的是女性的月经，原谅我身为一名男老师，对"月经"一词不敢随意使用，姑且用"大姨妈"一词代替。

古人将"大姨妈"称为"月事"，一个月来一次的事，无比自然而和谐的名字。由于生理知识的匮乏，古人对带来了"血光之灾"的"大姨妈"一直存在偏见。在原始社会，女子来"大姨妈"的时候，会被隔离在部落之外居住，怕给部落带来晦气。明朝时，李时珍还在《本草纲目》里警告男性同胞们，"大姨妈"会损伤阳气，告诫君子远离。

古人来"大姨妈"了，也会使用类似今天卫生巾的女性用品，这就是"月事布"。月事布也叫月事带，由于中国古代商品经济不发达，加上封建礼教观念的影响，月事布这种"黑科技"的东西都是独门秘传，没有公开制造和售卖，其制作方法都是母女相传。

尽管每一家的月事带有每一家的特色，但基本构造大同小异：用干净的布做成10厘米宽的长条形状，有的中部两侧加宽，类似今天卫生巾的防侧漏护翼。月事布两头各有一条细长的绳子，用于将月事布系在身上。月事布的正中间通常会有一个小口袋，里面填充草木灰。草木灰是植物燃烧后的灰烬，有吸水、祛湿、杀菌的作用。月事布用完一次，就将里面的草木灰换掉，并用清水洗净然后晾干，以备下次再用。讲究一点的人家，洗月事布的时候还会在水里加些明矾，同样起杀菌消毒的作用。也有的贵族家庭用棉花或纸张代替草木灰，但吸水（确切地说是吸血）效果不佳，还是草木灰更物美价廉。

古代女性在使用、清洁、存放月事布时极端隐秘小心，甚至结婚十几年的夫君有的都不知道月事布为何物。对于经期，女性也常用隐晦的暗号来暗示丈夫，例如"面点朱砂""戴戒指"等方法。唐代诗人王建还写过一首"大姨妈"题材的诗，描绘的对象是宫女："御池水色春来好，处处分流白玉渠。密奏君王知入月，唤人相伴洗裙裾。"

到了近代，卫生巾开始从西方传入我国。1920年，美国的金佰利克拉克公司用纤维棉和细薄纱批量生产出最早的卫生巾。卫生巾广告最晚在民国十七年（1928年）就已经在我国出现，据此可以推算卫生巾传入我国也应该在这前后。胡适创办的《知识》

杂志当时还刊登过一篇名为《女子例假布之研讨》的文章，大力提倡女子购买使用西药房出售的"上等经布"。这种卫生巾包装成盒，一盒12只，用后可洗可弃，被胡适赞誉"实为经布中最好者"。卫生纸、卫生巾，都是在民国时期传入我国的，由此也可以窥见我国近代西化之程度。

新中国成立后，由于物资的匮乏，卫生巾并没有在我国继续普及。在改革开放后的一段时间里，我国广大女性还是将卫生纸折叠成长条状代替卫生巾使用。卫生巾在我国普及，也就是近二三十年的事。

"大姨妈"的话题咱们就讲到这儿。万一穿越回了古代，又赶上"大姨妈"来探访，那你就可以自力更生，记得到时候谢谢王老师教会了你这么多本领！

站着不如坐着，坐着不如躺着。古人的日常生活也追求休闲舒适，坐卧用具必不可少，这一篇就聊聊古人的坐卧用具。

古代最早出现的坐卧用具是床。早在处于母系氏族社会阶段的半坡文化时期，就已经有了床的雏形——土台，类似今天的炕。到了商周时期，床的形制被逐渐确立下来。

床是古人晚上睡觉时用的寝具，而古人白天也需要坐、卧、躺，于是又发明了白天用的床——榻。今天我们常说的床榻，在古代是两种用具。"卧榻之侧，岂容他人酣睡"，很多人将这句话中的卧榻理解为床，其实这是不对的。床是床，榻是榻，二者是有区别的。

床的起源是土台，榻的起源则是席子。古代最初没有椅子和凳子，起居坐卧都在铺于地面的席子上，这种生活方式被称为"席居制"。北方多用草席，南方多用竹席。到了春秋战国之际，贵族们觉得坐在席子上不够显示自己尊贵的身份，也可能害怕得痔疮，所以就发明了一种略高于地面的木制坐具。这种坐具比床矮小，移动方便，随坐随移，一般放在起居室或厅堂。这种坐具就是榻，但"榻"这一名称的出现是在西汉。后来又出现了加大的榻，人能够躺在上面，就是前面说过的卧榻。

综上所述，床和榻的区别主要有三：从形制上看，床要大一些，榻要小一些；从用途上看，床是晚上用来睡觉的，榻是白天用来坐、卧、躺的；从摆放位置看，床一般放在卧室，而榻一般放在起居室或客厅。

尽管榻在中国出现得很早，但除了少数贵族用榻外，大部分人还是继续着"席居制"。只是铺的席子逐渐加厚，形成了所谓的"筵席"。筵席一般是用稻草秸秆做材料：较为粗糙的材料铺垫在下层，称为筵；较为细软的材料铺在上层，称为席。东汉郑玄在《周礼注疏》中就讲："铺陈曰筵，藉之曰席。"古人常在筵席上面举行酒宴，所以"筵席"一词后来就成了酒宴的代名词。筵席后来传到了日本，日本人也在室内铺设筵席，慢慢就演化成了后来的"榻榻米"。

席居制的时代，人们都是席地而坐，坐姿是跪坐。唐朝中后期，床榻越来越高，人们便开始在床榻上垂足而坐。唐朝是一个敞开胸怀吸收外来文化的时代，特别是对北方胡人的文化非常热衷。胡人的生活习惯也极大地影响着中原，最具代表性的事件就是胡床的流行。胡床虽然称作床，但体积很小，只能容坐一个人，更像今天的椅子。胡床是中国椅子的起源，"椅子"一词也是在唐朝才开始出现的。李白在《静夜思》中写道"床前明月光"，这里的"床"很有可能是这种胡床。因为胡床能放在院子里，所以李白才能在床上举头望明月。如果是传统的寝床，是陈放在卧室的，而在卧室是望不到天边的明月的，因为古代的窗户非常小，视野不够开阔，月亮一旦升起来，不扭头看根本看不到。

五代到宋代，由胡床演化出来的椅子在我国空前普及，并出现了风靡后世的太师椅。据说太师椅的发明与秦桧有渊源，因为秦桧又被称作秦太师，故而叫作太师椅。也正是在这一时期，古人彻底告别了席居制。当时的贵族圈还流行一种三面围起来的围床，《韩熙载夜宴图》里面的床就是这种。

明清流行架子床和拔步床，床变成了封闭式的，像一间小屋子。椅子则成为大众用品，非常普遍。这一时期还有一种介于床和榻之间的"罗汉床"，其造型特点是在榻上安有矮围子，形体较大，可坐可卧可躺，功能很像今天的沙发。今天的明清题材影视剧中经常有罗汉床的出镜。

在古代，坐卧用具的使用还能体现礼制功能。汉朝时，用榻的一般都是有地位的人，独坐一榻更为尊贵。因此，能被邀请同榻而坐是对客人非常尊贵的礼遇。《后汉书》记载，东汉时有位太守陈蕃，非常爱才。当时有个叫徐稚的人，人称"南州高士"，很有学问，陈蕃与其交往密切。陈蕃在家中专门为徐稚设了一张榻，平时挂在墙上，徐稚来了就把榻放下，徐稚一走，就又把榻挂起来。这就是今天"下榻"一词的来源。在而今的东北地区，如果家中来客人了，主人一般都会热情地招呼客人"上炕坐"，这种礼节也颇具古风。因此在古代，主人对客人的最高礼遇就是邀请你同榻而坐，"请你上床"。

06
古人的住宅面积有多大

　　根据有关部门的统计，2016年我国人均住宅面积已经达到了40.8平方米。在王老师的老家东北，人少房多，很多家庭都能达到这个数字，但若是北京或上海，能达到这个数字的都是富裕家庭。那古人的住宅面积有多大呢？咱们就以唐朝为例，看看古人是否需要"蜗居"。

　　唐朝实行"均田制"，就是国家免费给民众分配土地，宅基地也是如此。按照唐朝法律规定，良民三口之家分给一亩地来建房，每增加三口人再增加一亩。唐朝的一亩合今天的522平方米。也就是说，即使是最一般的唐朝民众，法定住宅面积也能达到500多平方米。但要注意，这只是纸面上的规定，实际情况可能会小于这个数字。另外，这500多平方米的面积是加上了院子面积的，房屋的建筑面积没有那么大。而且这一亩宅基地也主要针对农村居民，城里人多地少空间紧张，住宅肯定没有农村那么大。

那城里人的住宅有多大呢？根据敦煌文书（敦煌出土的唐朝法律文书及判案集）的记载，当时二线城市敦煌有个叫马法律的平民，他家住宅有5间房，分别是中堂（也就是客厅）、东间房、小东房、西间房和厨房，建筑物的套内面积在82平方米左右。如果加上院子，总共在171平方米左右。

通过对马法律家的住宅和其他一些唐朝住宅面积的研究，我们基本可以知道唐朝人住宅结构的特点。首先，客厅一定要大，大部分在20平方米以上，这与文献记载中"唐朝人重视中堂"的观点也一致。其次，厨房也较大，大部分在15平方米到23平方米之间，毕竟那时候要生火做饭，灶台之类的占地面积都很大。再次，唐朝的住宅都不见对厕所的记载，也许他们上厕所都在外面，或者用马桶。最后，普通城市居民的住宅总面积应该在200平方米左右。

△ 唐代房屋三彩建筑模型（陕西历史博物馆收藏）

达官贵人的房子就要大得多了。比如白居易住在东都洛阳时是太子宾客，其住宅有房屋，有水池，还有一片竹林，水上还建有小桥，占地面积17亩，约合今天8800平方米，类似一个小公园了。帮助平定安史之乱的大将郭子仪，后来官至兵部尚书，相当于今天的副国级干部。史书记载他在长安的住宅占地四分之一个亲仁坊。坊是唐朝时的居民区，其规模类似于今天一个街道办事处的下辖范围。亲仁坊算是唐朝长安中等规模的一个坊，长度在1公里多一点，宽度500多米。四分之一亲仁坊的面积约合今天15万平方米，差不多相当于两个清华园的面积。有的朋友可能会震惊，这么大的宅院，可怎么住啊？不必担心，郭子仪全家上下有3000多口人呢！郭家人见面时，如果互相不熟，可能都不知道对方住在哪儿。脑补一下郭家人平时交往的场景：家人之间都是通过微信摇一摇认识的，见了面一聊天才发现，都是一个太爷爷生的。"原来你是东院的啊？早点回你的院子，天就要黑了，路上小心！"这就是有钱人的世界，普通人永远都不会懂！

07

古人见面为什么要跪拜

在历史剧里，大臣见到皇帝都要下跪，百姓见到官员也要下跪。古人是自古以来就有下跪的传统吗？

跪拜最初并非一种礼节，也没有明显的等级区别或人格卑微色彩，而只是一种普通的"坐姿"。先秦时，无论宫殿庭堂，还是官府民宅，都没有桌椅板凳，大家都是不分贫富贵贱地在地面铺设的席子上席地而坐，贵族顶多在下面加个榻。那时的坐姿是双膝着地，臀部抵于脚跟而坐。这种坐姿跟跪着很像，今天的日本人和韩国人依然保持这种跪坐姿势，并没有卑微色彩。

跪坐时代，如若需要向某人表示敬意的话，只要身体前倾并将腰杆伸直，臀部离开脚跟，即变为跪姿。如果双手触地，则转化为拜姿。先秦时君主与臣下面谈时，双方都是这种跪坐，而且表示敬意时彼此都互拜。《战国策·秦策三》中记载："秦王跪曰：'先生是何言也！'范雎再拜，秦王亦再拜。"跪拜是双方互相表达礼敬与尊重的一种礼仪，没有尊卑之分。这种坐姿汉朝依然保持，例如汉朝皇帝和大臣在朝堂议事的时候，皇帝和大臣都是跪坐。

五代到宋朝，高型坐具椅子空前普及，中国人不再席地而坐。既然平时不跪坐了，跪拜便成为刻意而行的动作，带上了比较明显的尊卑色彩。然而，宋代的大臣对君主的跪拜通常都是在极庄重的仪式典礼上。平时大臣见皇帝也不跪拜，只是站立表示尊重，如果需要表示敬意一般则行双手交叉的揖拜之礼。

从元朝开始，带有屈辱、卑贱性质的跪拜礼才推行开来。元代御前奏闻时，大臣一律下跪奏闻，极具卑微与谄媚色彩，这与元朝将君臣关系视为主仆关系的观念也是合拍的。明朝取代元朝，跪拜的礼节没有改变，因为臣民只是换了个主子，主子骨子里的主奴思维丝毫没有变化。朱元璋甚至变本加厉，不光规定臣下见皇帝要下跪，下级向上司禀事也必须下跪。《大明会典》记载："凡司属官品级亚于上司官者，禀事则跪。凡近侍官员难拘品级，行跪拜礼。"到了清朝，不光要跪拜，还要磕头，并且要磕响。以至于有的大臣面见皇帝前要贿赂宫中太监，好让太监将其领到朝堂内的空心地砖处，这样磕头才磕得响。

清朝时，皇帝不光要求自己的臣民下跪，甚至还要求外国的使者下跪。乾隆晚年时，英国使节马戛尔尼率团访华，就因为跪拜礼而发生了激烈争论。甚至有学者认为，马戛尔尼的跪拜礼问题背后，是几十年后中英爆发鸦片战争的深层次原因之一，这体现了天朝秩序与平等外交的冲突。

△ 跪拜礼（出自《康熙帝出巡图》）

跪拜礼的变迁，不仅仅是礼仪的流变，其背后的实质是时代精神的蜕变，是君主权力空前加强的外在表现。宋朝士大夫敢振言告诫皇帝："天下者，中国之天下，祖宗之天下，群臣、万姓、三军之天下，非陛下之天下。"而元朝之后，大臣的地位卑微到只是皇帝的奴才。至于普通百姓，连当奴才的资格都没有，只能是蚁民。辛亥革命后，除了对父母长辈或先人牌位，国人下跪的礼节都被废除了。然而在精神上，很多人还是跪着的。

在古代，冬天取暖是和每天吃饭同等重要的生活大事，是生存所必需的保障。所以，形容贫穷得无法生存叫"饥寒交迫"。古代没有暖气，人们是怎么取暖的呢？

早在史前文明时代，北方人在建筑房屋时就很注意保暖，半坡文明居住的半地穴式房屋，一半挖在地下，就是为了防风保暖。屋内地面中间还挖个坑，周边用泥土夯实，用来烧火取暖，称为"火塘"。

秦汉时期又出现了火墙，最早是宫廷里用的，秦朝的咸阳宫遗址中就有火墙。火墙的内部是中空的，从里面把墙烧热，这样屋子就暖和了。火墙的衍生品是火炕，在东北地区特别流行。《宋文鉴》记载，北方女真族"环屋为土床，炽火其下，而饮食起居其上，谓之炕，以取其暖"。今天北方地区的一些农村还在使用火墙和火炕，尤其是东北，招待客人最温暖的方式就是招呼你进屋上炕，然后把炕烧得热乎乎的。王老师生活在东北地区，小时候听老人讲过一个与火炕有关的故事：话说民国时期东北某地征兵，征兵负责人把村里的青年集合起来，围炕而坐，进行动员宣传。可青年们不愿当兵，所以都沉默不表态。负责人就吩咐他人一个劲地烧炕，炕上热得烫屁股，有人热得受不了就站起来了，站起来就算同意参军了。这个故事的真实性并未得到考证，但内容却体现了火炕与东北民众生活的密切关系。东北人对幸福的理解也和炕密切相关，所谓"三十亩地一头牛，老婆孩子热炕头"。

以上说的是大型取暖设备，接下来再说说古人小型的取暖物件。最常见的是火盆，就是在盆里烧炭火。有条件的富贵人家用精致点的金属火盆，没条件的平民人家就用泥盆。因为火盆里要烧木炭或柴火取暖，所以薪炭在古代是生活的必需品。那时候官员发俸禄，不光发钱发米，还要发薪炭。今天年薪、月薪中的"薪"，最初就是薪炭柴火的意思。薪炭在古代居家生活中非常重要，这一点在电视剧《知否知否应是绿肥红瘦》第一集中就有体现——为了薪炭，家里人竟要勾心斗角。

"围炉而坐"是古代冬日里常见的居家景象。有的朋友会担心，古人冬天在屋里烧火盆取暖，会不会一氧化碳中毒？首先，古代房屋的密封效果没有今天这么好，房屋到处漏风，所以一氧化碳堆积浓度不高，达不到中毒的浓度。另外，火盆是开放式的，氧气与火盆的接触面积很大，一般不存在燃烧不充分导致一氧化碳堆积的情况。所以古代因冬天取暖而造成一氧化碳中毒的情况不多。但不多不代表没有，有学者就猜测：曹操的重要谋士荀彧可能就死于一氧化碳中毒。据说古代人冬天烧火盆时，会在屋里放一盆冷水，如果发现有人迷昏，就用冷水清醒一下。到了清朝，人们已经知道白萝卜汤能解一氧化碳的毒。民间就有这样一个传说：晚清时，一个宫女疑似一氧化碳中毒，慈禧太后就让人把她扶到通风处喂她白萝卜汤解毒。

火盆形制比较大，不方便移动，所以古人又发明了火盆的迷你版——手炉。顾名思义，就是可以捧在手上的炭炉，里面装着尚有余温的炭灰，走到哪里都可以拿着取暖。明清时期是手炉最为风靡的时代，《红楼梦》里就经常提到手炉。明清时的手炉工艺也达到了鼎盛，好的手炉本身也是一件精美的工艺品。那时，大户人家使用手炉时还会在里面放些香料或药材，这样不光能取暖，还能当香薰用。

还有一种便携式的取暖物件在宋代便已出现，名曰"汤婆子"。这种取暖物件，一直到现代，还有地方在使用。汤婆子一般是金属或陶瓷材质的，形状类似一个没有壶嘴的大水壶，里面加满热水，外面再套上布套，睡觉时就能放进被窝取暖。"汤"就是热水的意思，而"婆子"则是戏指其有陪伴人睡觉的作用。

09
古人夏天如何降温

　　聊完了古人冬天如何取暖，再聊聊古人夏天如何降温。古代夏天并不比我们今天凉快，《浮山县志》就记载过乾隆八年的极端高温天气："夏五月大热，道路行人多有毙者，京师更甚，浮人在京贸易者亦有热毙者。"气象学家分析，当时的天气至少达到了40℃以上。那在没有空调的古代，这么热的夏天，古人是如何降温的呢？

　　首先可以使用降温设备，比如人工风扇。这人工风扇并不是找两三个丫环给你用扇子扇风，那点儿风力太小了！古时候的大户人家厅堂上方会安装拉拽式风扇，一大片扇叶差不多有门板那么大，由丫环拽根绳子拉动扇叶给厅堂送风。此外，还有手摇式的风扇，类似手摇鼓风机。据说古时候还有"空调风扇"。古人使用风扇的时候，还会把风扇放在水池后面，或者在风扇前摆两盆冰块，这样送出来的风就是凉的，这种风扇已经具备了空调的功能。还有的人会在风扇前摆很多盆鲜花，这样吹出来的风都是香的。有钱人就是会玩！另外，古代大宅院的客厅，都会有一种"空调"系统——空调井。在厅堂里挖一口深井，一直连通地下水，然后在地面留一个送风口，这样，井下凉风就会源源不断送进厅堂，达到降温效果。最豪华的当属降温亭——将水引到屋顶，制造人工瀑布，以达到降温效果。

除了降温设备，还有降温饮食。比如吃冷饮、冰镇水果或饮料。那古人用什么进行冰镇呢？其实，早在先秦时代就有人工冰箱了，叫作"冰鉴"。其原理很简单：制作一个有夹层的容器，在夹层里放入冰块，然后在容器内放入食物或饮料进行冰镇，成为冷

△ 铜冰鉴（湖北省随州市曾侯乙墓出土）

饮。宋代的冷饮已经平民化了，北宋都城开封就有种叫"冰团冷元子"的冷饮很是畅销，其做法类似今天鲜芋仙等甜品店中的芋圆。到了元朝，蒙古贵族喜欢在冷饮里加入奶制品，称为"奶冰"。据说马可·波罗来到元朝后就很喜欢吃这种冷饮，并将其制作方法带回了欧洲，欧洲人在此基础上发明了冰激凌。听起来是不是有点搞笑？正宗的土耳其冰激凌可能来自中国。

有的读者可能会产生疑惑：古代夏天的冰是从哪里弄来的？我听过多种说法，技术含量最高的说法是古人用硝石制冰：将硝石溶于水，大量吸热，便可将水冷冻成冰。但这个方法的制冰量太小了，而且非常费事，无法满足古代夏天巨大的冰块需求量。所以，王老师认为古人一般不会用这么麻烦的制冰方法。

其实古人取得冰块通常的方式不是制冰法，而是存冰法。很简单，等到冬天自然结冰时将冰块储存到地窖里，然后等到夏天时取出使用。这种简单的存冰方法，从先秦一直使用到新中国成立后。储存的冰块都取自城市里的天然河湖，比如北京的北海、积水潭、太平湖，还有济南的大明湖，都是过去重要的取冰处。寒冬时节，湖面结冰，待到冰面上能走人了，就开始进行切冰作业，把冰切成一米见方的冰块，运送到地窖里保存。保存时还要在上面盖上厚厚的稻草保温，这样就能挺到夏天而不融化。古代大城市内都建有很多的冰窖。清朝时，北京城内的官方冰窖就有4处18座，由工部统一管理，存冰量在20万块以上。今天北京的冰窖胡同，就因清朝时这里设置的冰窖而得名，类似的还有西安的冰窖巷。

北方城市可以在冬天时存冰，那南方城市冬天也不结冰啊，怎么办呢？答案是进口！而且进口的是正宗的美国货！19世纪上半叶，欧美商人就将北美的冰块用商船贩卖至中国广东，非常畅销。有人可能会疑惑，从北美到中国，要穿越赤道，那冰不融化吗？因为这种出口的冰块体积特别大，运输时放在船舱底部避免阳光照射，还会在上面盖上锯末等物，阻挡空气流通，所以融化速度非常缓慢。等运到中国时，除去损耗，还会剩很多。有人还会疑惑：跨越半个地球贩卖冰块，能赚钱吗？的确不怎么赚钱，但没办法，欧美需要进口中国的货物，而自给自足的中国却不怎么进口欧美货物。你运别的东西到中国也卖不出去，卖冰块总比空跑一趟强。而且远洋航行需要重物压舱，用冰块压舱总比用石头好。没办法，与清朝做买卖就得这样！

10
古人夏天如何驱蚊

全世界的蚊子有三千多种，其中雌蚊子主要以吸人或动物血为食。被蚊子叮咬后，不光皮肤发痒，甚至还会传播疟疾等传染类疾病。所以，每当夏天来临，防蚊都是生活中时刻需要注意的事。蚊子在地球上已经生存一亿多年了，一直伴随着我们的祖先茁壮成长。两千多年前的《庄子·天运篇》里就有记载"蚊虻嗜肤，则通昔不寐矣"，表达了对蚊子的痛恨。那古人夏天是如何防蚊、灭蚊的呢？

烟熏法是古人最常用的驱蚊办法。蚊子怕烟熏，还惧怕一些特殊的味道。古人发现蚊子的这一习性后，就用烟熏驱蚊。古人发现，燃烧艾草、蒿草的驱蚊效果不错，而且烟雾不多，味道不呛人。于是，艾草、蒿草就成为古人驱蚊的常用材料，还被制作成最早的驱蚊工具"火绳"。一直到改革开放前，火绳还在我国广大农村地区被使用。秋天，人们将结过籽的艾草、蒿草采集回家，像编辫子一样将其编成绳状，然后挂在房梁上晒干，避免受潮。等到第二年夏天，火绳就可以派上用场了，晚上睡觉将其在屋内点燃，驱蚊效果是极好的！火绳的功能类似初级版的蚊香。

△ 汉代火绳（甘肃嘉峪关长城博物馆收藏）

至少到了宋朝，古人已经在火绳的基础上制作出了蚊香。宋代《格物粗谈》记载："端午时，收贮浮萍，阴干，加雄黄，作纸缠香，烧之，能祛蚊虫。"从这段记载中我们可以看出，古代"蚊香"里有雄黄的成分。雄黄是硫化砷矿石，也是古代用途很广的杀虫剂。另外，书中还提到了古人在端午时节采集材料制作蚊香，这很有可能与古代端午采集艾草的习俗有关。

蚊香的制作工艺在清代进一步提高。晚清时，一个来华采集茶种的英国人曾写过一部名为《居住在华人之间》的书，其中就有关于蚊香的记载。这个英国人当时从浙江西部去福建武夷山，途中由于气候炎热潮湿，被蚊子叮得整夜无法合眼。他的随从就购买了一些当地人使用的蚊香，驱杀蚊虫很有效。他把这一信息传回欧洲后，引起了欧洲昆虫学家和化学家的极大兴趣，询问他这种蚊香是由何种物质合成的。后来，他在浙江定海获得了这种蚊香的配方——由松香粉、艾蒿粉、烟叶粉、少量的砒霜和硫黄混合而成。是的，含有砒霜！不知道古人烧这种蚊香会不会中毒。

除了蚊香，古人还用香囊驱蚊。香囊在明清时期很是流行，除了有香水的功效，还有驱蚊的效果，因此也成为古代文人雅士和贵族公子的驱蚊最爱。香囊中含有多味中药，这些中药的味道具有驱蚊的功效，比如藿香、薄荷、八角、茴香等。这就和今人把"风油精""花露水"涂在身上的效果一样。

除了驱蚊法，古人还有避蚊法。我惹不起还躲不起吗？把蚊子挡在外面！挡蚊子最常用的工具就是蚊帐了。南朝梁元帝撰写的《金楼子》记载：春秋时期的齐桓公经常在"翠纱之帱"里避蚊。这里的"翠纱之帱"就是今天的蚊帐。唐宋以后蚊帐进一步普及。北宋张耒《离楚夜泊高丽馆寄杨克一甥四首》诗称："备饥朝煮饭，驱蚊夜张帱。"可以看出，蚊帐已是当时居家必备之物。蚊帐在我国使用了两千多年，其雄风在当下依旧不减。2016年里约奥运会时，莱卡病毒肆虐，而蚊子正是病毒的主要传播途径。在其他国家运动员"谈蚊色变"之时，我国运动员拿出了老祖宗的法宝——蚊帐，有效地防止了病毒传播，也引起了他国运动员的效仿。两千年前的中国制造，而今也能派上大用场。

此外，古人还有许多种奇葩的灭蚊法。比如在家中大缸内注水养青蛙。蚊子喜阴凉，又需要在水中产卵，所以爱往缸里飞，一飞进去就会被青蛙吃掉。还有一种"灭蚊灯"，小说《金瓶梅》里有提及。灭蚊灯吊在蚊帐内，灯盏的侧面开有小口，当灯绳被点燃后，就会因冷热不均产生气流，蚊帐内的蚊子便会被气流吸进灯盏内烧死。

可以说，与蚊子战斗的历史贯穿了整个人类的文明史。王老师不禁惊叹古人的聪明才智，也感叹人类在地球上生存至今的确不易。在此，向我们的先人致敬！

古代没有打火机和火柴，可小说里浪迹江湖的大侠们却能随时随地点火来个烧烤，他们是如何生火的呢？接下来就介绍几种古代的生火方式。

最早的生火方式是钻木取火，原始人就会用此方法生火了，一直到唐代还有人使用。杜甫的《清明诗》里就有写道："旅雁上云归此塞，家人钻火用青枫。"说的就是乡下人采用钻木取火的方式生火。一个熟练掌握钻木取火方法的人，五六分钟就可以钻出火来。当然，这需要极高的手速，男子比较擅长。

钻木取火比较麻烦，对材料的要求也比较高，必须有干燥的木头和引燃材料。后来，人们发明了钻木取火的升级版——火弓。就是在钻木取火的那个棒棒上加了个旋转弓，来回抽拉旋转弓，就能带动棒棒高速旋转，这样不到一分钟就可以生出火来。

古代还有一种利用聚焦太阳光生火的工具——阳燧。阳燧可以看作是一个大凹面镜，能聚集太阳光到一点，引燃生火材料。类似阳燧的生火工具在其他古文明中也较为常见。古人认为这种方式取得的火来自太阳，是与天地相通的，无比自然神圣。今天奥运会的圣火采集用的就是这种神圣的方式。但阳燧取火受天气限制较大，赶上阴雨连绵，你一周都别想生火。

△ 唐朝阳燧（扬州博物馆收藏）

古代有没有不受天气影响且便携快速的取火工具呢？有的，那就是火石。火石在魏晋时就有了。火石取火比较高级，是小说里大侠们常用的方式。火石一般用燧石或鹅卵石制成，将两块火石打击或摩擦，能产生火星，引燃易燃的火绒。火绒的材质有很多种，有的用艾绒，有的用被硝水泡过的纸或者涂有硫黄的木片，还有的用易燃的炭布。

火石也有升级版，叫作火镰。火镰本身是一个手掌大小的小皮包，侧方镶有一片镰刀形的钢条，称为火钢。火镰里面装有火石和艾绒，点火的时候就用火石打击火钢，引燃艾绒取火，非常方便。一直到新中国成立后，我国陕北的一些农村地区还有用火镰生火的。

△ 火镰（中国消防博物馆收藏）

古代还有一种神奇的生火工具——火折子。我们在电视剧里常看到这样的场景：大侠们在黑暗处需要点火照明时，就会掏出一个小竹筒，往里一吹气，竹筒里就会生出小火苗，看起来无比神奇。这种生火工具就是"火折子"，其利用的是物理学上的复燃原理——已经燃烧的东西因为缺氧而处在一种半燃半灭的状态，当重新获得充足的氧气后又可以重新燃烧。火折子的制作方法是：将易燃的草纸卷或加工过的藤蔓点燃后吹灭火焰，然后塞进小竹筒，再盖上盖子，造成竹筒内部的缺氧环境，但竹筒里面的火星实际还在缓慢燃烧。用的时候打开盖子，向里面吹气供氧，火星就会复燃。

20世纪初，火柴从西方传入我国，上述生火工具便慢慢退出了人们的日常生活。

12
古人用什么化妆品

爱美之心自古有之，古代的小姐姐们也是要化妆的。古代的化妆品种类繁多，而且成分非常恐怖，古人真的是"什么东西都敢往脸上抹"！

俗话说"一白遮百丑"，皮肤白皙是古今东方美女的共同追求。今天化妆的基础是美白用的粉底，而古代美女化妆也用粉来美白。"粉"字是米字旁，最早的粉底就是用米做的。《齐民要术》记载了"古代粉底"的制作方法：将米磨成细粉，淘洗至水清，然后沉于凉水之中发酵，直至发出腐烂臭味。发酵后将米粉沉淀滤出，并研磨成浆，等米浆干透就制成了粉饼。削去粉饼四周粗劣的部分，将中间雪白光润的部分留下，称之为"粉英"。用刀将粉英削成薄片，放在太阳下暴晒，晒干后揉碎成粉末，粉末越细越好，这就是最后可以化妆用的"粉底"了。

这种用米做的粉底有一个缺点——容易脱落，所以古代美女脸上经常掉渣。这就不好了，男人亲一口，然后满口的粉，场面太尴尬了。于是古人又发明了改进款的粉底——白铅粉。白铅粉洁白细腻，还不掉妆。成语"洗尽铅华"里的"铅"指的就是古代女子化妆用的铅粉。《水浒传》里武松跑路时，孙二娘就是用铅粉给武松涂面的。铅粉的制作工艺较为复杂，王老师作为一个文科生愣是没看懂其工艺流程，所以也就不给大家详细介绍了。但有一点可以肯定，铅粉里含有大量的金属铅，而铅是重金属，有毒，因此古代女子使用铅粉久了肌肤变色成黄脸婆，严重的还会铅中毒。古代的女生们为了美也是蛮拼的！

古代也有彩妆，最古老的便是朱砂。从字面上理解，朱砂就是指红色的矿石，即硫化汞的天然矿石。将天然朱砂矿石研磨、漂制后得到的红色颜料就是朱砂。早在商周时，女性，尤其是舞姬与宫女，就将朱砂擦拭在面部当腮红，毕竟她们都是靠脸吃饭的人。

△ 宫廷妇女化妆（出自顾恺之《女史箴图》）

汉代的朱砂不光能抹脸当腮红，还能涂唇。但朱砂本身不具有黏性，敷在嘴唇上很快就会被唾沫溶化，聪明的古人就在朱砂里掺入适量的动物脂膏，其形态和功能很接近今天的口红了。

汉代还出现了一种外来化妆品——胭脂。胭脂从匈奴地区传入我国，属于进口货，是张骞出使西域时带回来的。胭脂是将红蓝花捣碎过滤，提取其中的红色素制作而成的。然而，后唐学者马缟在其《中华古今注》里又说胭脂"起自纣，以红蓝花汁凝作燕支"。如果马缟的说法属实，那么胭脂至少已经存在三千年了。不管是进口货还是国产货，胭脂在古代彩妆中的霸主地位是不可否认的，甚至在文学作品里成为美女的代名词。

再说下古代的"眉笔"。古代画眉用黛，所谓"六宫粉黛无颜色"中的粉黛，就是指"粉"和"黛"两种古代化妆品。黛是一种黑色矿物，又名石黛。将石黛放在黛砚上磨，碾成粉末后加水调和，蘸着它就可以画眉毛了。画眉之风起于战国时期，在黛出现之前，女子们都是用柳枝烧焦后涂在眉毛上。改革开放前，物资极端匮乏，大部分女子没有眉笔可用，就用燃烧过的火柴头沾上唾沫后涂在眉毛上，此法还颇具古风。

聊完古代的化妆品后，不难发现古人为了化妆真的是什么都敢用，据说当时为了美白还有用砒霜的。终于知道为啥"自古红颜多薄命"了，原来都是化妆品"害"的！

13
古人用什么洗头发

古人讲"身体发肤受之父母",所以不怎么剪头发,连小哥哥们也是及腰长发并梳成发髻的。而古代的美女们都是一头秀发,其不光能提升形象,关键时刻还能撩人,甚至是皇帝。汉朝的卫子夫,当年就是靠一头秀发征服汉武帝的。《太平御览》记载:"(卫子夫)头解,上见其发鬓,悦之,因立为后。"

古人重视头发,所以也重视洗头发。"沐浴"一词中的"沐"字,最初就是指洗头发。汉朝时,公务员每五天放假一天,就是让他们回家洗头发,这个假期被称为"休沐"。

有的朋友会诧异,五天洗一次头发也太久了,现在三天不洗头发都受不了!此一时彼一时,古代的条件和现在没法比。劈柴、点火、烧水、洗发、擦干、梳理,哪个工序都很费时费力。《史记》记载,周公说自己"一沐三捉发,一饭三吐哺,起以待士,犹恐失天下之贤人"。意思是说，周公礼贤下士，洗头发的时候如果赶上有人来求见，他就会握着湿漉漉的头发去见。洗一次头发，会出现三次这样的情况。尽管有些夸张，但也能从侧面看出古人洗头发的确是一个大工程。

那古人洗头发用什么当洗发水呢？

最常用的是皂荚，俗称皂角。将泡制过的皂角放在水盆里加水反复揉搓，或用硬物砸碎，待水质略微黏稠后将杂质捞出，剩下的

△ 木槿叶（左）和皂荚叶（右）

液体就是古人的皂角纯草本洗发水了。用这种皂角洗发液洗发，去污、养发的功能极佳，还有乌发、固发的功效。

用皂角洗头发，稍微有点刺激性味道，有的人不太习惯。于是，跟皂角功效类似，味道却更为清爽的木槿叶便大受欢迎。木槿叶洗发水的制作方法和皂角大同小异。关于木槿叶洗头发，还有一个传说：七夕时，牛郎织女鹊桥相会，织女流下的相思泪水会从鹊桥上飘落下来，落在凡间的木槿树叶上。所以七夕那天用木槿叶洗头，就可以得到织女的保佑，未婚的女子就能很快找到如意郎君。今天，我国南方的一些地方，依然有七夕用木槿叶洗发的习俗。

古人还有用茶枯洗发的。茶枯饼通过油茶籽榨油后残渣压制而成，虽然看起来很脏，但因其具有杀菌去污的能力，一直是古人的洗发佳品。20世纪七八十年代，很多南方女性还在用茶枯洗发。

古人还有用草木灰洗头发的。草木灰属于碱性洗发剂，可以去油止痒。草木灰中富含碳酸钾，对油脂有很好的吸附效果，用草木灰洗头发可以让油腻腻的头发变得干净清爽，非常适合油性发质。

另外，古人还有许多取材容易的洗发用品，据说先秦时期已经有人开始用淘米水来洗头发了。还有用醋洗头发的，我小时候就见过我妈妈用醋洗头发，洗完后，她浑身充满了酸味。

14
古代男子有哪些发型

　　上一篇咱们讲了，古代的男子也是长发及腰的。但在公众场合，一般不会让它飘起来，而是要把头发梳起来盘成发髻。古代男子的发式，不仅具有美学价值，而且更多体现的是社会的象征意义。每个时代的社会情况不同，男子的发式也随之演变。

　　上古时代，没有礼教约束，男子的发式比较放飞自我，头发都是散着的，被称作"披发"。慢慢地，中原地区出现了将头发梳起来盘成发髻的习俗，被称作"绾髻"。绾髻就是把头发都集中拢到头顶，在头顶盘出一个发髻，最开始是一个小团状，后来逐渐变成锥子状，也称"锥髻"。古人之所以选择这样的发式，可能因为这样方便劳动。

　　周朝制定礼法，确立了冠服礼俗制度，男子的绾髻也成为定制。绾发时将头发全部束至头顶，然后戴个小冠，并用笄（也称"簪"）横穿冠下的小孔把发髻固定住。身份低微的人，就用一块包头布把发髻包裹起来。小孩子是不绾发的，一般是散着或者梳小辫子。等到20岁成年了（民间多在15岁），就要举行成人仪式，名曰"冠礼"，意思就是可以绾发加冠了，所以从古人的发型也能看出他们的年龄。

古人的绾髻束发是全束的，不会留下一部分散着。今天的古装剧中，很多男子是半束发，一半梳成发髻，一半散着飘在脑后，看起来飘逸帅气，但这不符合真实的历史。刚才说过，发式还具有社会功能——区分华夏和夷狄。绾髻束发是华夏正统的标志，只有被看作是夷狄的少数民族才会散发或编成辫子。中国古代只有在南北朝时出现过半束发，那时候北方游牧民族南下，游牧民族盛行的披发对中原产生了影响，开始流行半束发的发式。半束发是胡汉结合的表现，存在的时间很短。

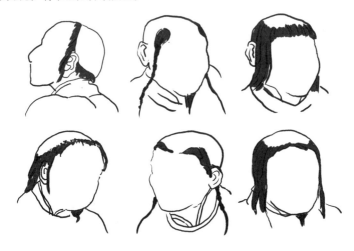

△ 游牧民族的髡发留辫样式

在周朝之后的绝大多数时间里，中原人都是绾髻束发的。不同时期的区别就在于发髻外面的佩饰有所不同。周朝至汉朝，发髻上是戴冠或包头巾。唐宋时期流行戴"幞头"，幞头是类似帽子一样的饰品。唐与宋的幞头区别也很大，唐朝的幞头帽顶是圆弧的，且帽后的两脚是下垂的，有点像耷拉下来的兔子耳朵；而宋代的幞头帽顶是平的或矩形的，帽后的两脚是平直的，而且很长很长，很像飞机机翼。据说，将幞头加长是宋太祖的决定，因为他讨厌朝会时大臣们在下面窃窃私语。将幞头加长后，大臣们就不敢相互靠近，因为幞头容易撞脸。

辽金元三朝，北方游牧民族再次入主中原，游牧民族髡发留辫的习俗开始在中原流行起来。髡发是将头顶部分的头发剃除，只在两鬓或前额留下少量头发，这些头发一般会梳成辫子，也叫留辫。在中原王朝统治时期，髡发是一种刑罚，人犯罪了就把你头发剃光，以示惩戒。但少数民族平时就有髡发的习惯。辽金元三朝统治者就是少数民族，为了表示顺从，其统治区域内的汉族人便也跟着流行髡发。特别是元朝时，不光中国实行髡发，就连在元朝控制下的高丽国也是髡发。高丽元宗的世子忠烈王，早年在元朝生活，归国继位后，就在高丽主张尽快实行髡发，与元朝官方发式保持高度一致。

明朝时期，又恢复了绾髻束发的发式。可是仅仅过了两百多年，游牧民族又回来了。清朝建立，中国再次开始髡发留辫，而且清朝政府对发式的要求异常苛刻，将是否髡发留辫视为是否归服清王朝的标志。不剪发留辫，就是不服从清朝的统治，是要杀头的，以至于清初还有"留发不留头，留头不留发"的说法。清朝人留的辫子，不同时期的样式也不尽相同。早期的辫子短而细，被称为"金钱鼠尾"，中后期辫子就粗又长了。

　　古代男子如此重视发式，一旦脱发了就会更闹心。怪不得杜甫会哀叹"白头搔更短，浑欲不胜簪"。

15
古人刷牙吗

　　有的朋友认为：古代又没有牙膏牙刷，古人肯定不刷牙，口气就如厕所里的气味。并因此而担忧穿越回古代是否需要多带点"益达"？其实这种担忧大可不必，古人也是刷牙的。在这一篇我们就聊聊古人是如何刷牙的。

　　中国人自古就重视牙齿的整洁与美观。例如：《诗经·卫风·硕人》中形容美女牙齿"齿如瓠犀"，就是牙齿如同葫芦子一样整齐洁白。那时人们清洁牙齿的方式不是"刷"牙，而是"漱"牙。《礼记·内则》中就记载："鸡初鸣，咸盥嗽。"意思就是说，天亮了，鸡打鸣了，就要洗脸漱口了。漱口一直是古人最主要的牙齿清洁方式，一直沿用到近代。

　　古人用的漱口水也是五花八门。最常用的是盐水，不光用盐漱口，还能用盐擦牙，《红楼梦》里贾宝玉就有每天清晨用盐擦牙的习惯。盐的确有杀菌消炎的作用，还能一定程度上预防牙周疾病和牙龈出血。此外，古人还有用茶水、酒和明矾水漱口的，据说明矾水能有效预防口疮。现代社会确实也有将明矾水加橄榄用于漱口的，可以去除口臭。

到了隋唐时期，"刷牙"开始在中国出现了。那时候的刷牙方式和我们今天不一样，用的是"揩齿法"。这种"揩齿法"源于古印度，和佛教有关。相传，当年释迦牟尼在菩提树下布教，围绕在周围的弟子们口臭相当严重。于是释迦牟尼开始劝说人们重视清洁牙齿，并教弟子们如何用树枝制造刷牙工具。后来，随着佛教传入中国，"揩齿法"也传到了中国。唐朝医书《外台秘要》具体记载了这种揩齿法："每朝杨柳枝咬头软，点取药揩齿，香而光洁。"意思是说将杨柳枝的一头用牙齿咬软了，再蘸上少许药粉，用来刷牙。这种刷牙方法也被称为"杨柳枝揩齿法"，所用的杨柳枝又叫作"齿木"。齿木是中国最早的刷牙用具，可谓那个时代的"牙刷"。如果没有杨柳枝，也可以用其他树枝代替，实在不行就用手指直接揩牙。敦煌石窟第196窟有一幅晚唐壁画《劳度叉斗圣变》，其中就能看到用手指揩齿的画面。今天的日语中还有"杨枝"一词，意为牙签、牙刷，应该就是保留了中国唐朝的叫法。

尽管唐朝有了揩齿法，但学界对于这种刷牙方式在唐朝的普及程度存在争议。有观点认为，唐朝时只有僧人团体会揩齿，并未在社会上广泛普及。

△ 敦煌壁画中的揩齿图

　　到了宋朝，中国终于出现了真正的牙刷，叫作"刷牙子"。宋人周守中在《养生类纂》中记载："盖刷牙子皆是马尾为之。"最初的牙刷毛多是用马尾巴制作的，一寸多长，置于牛角之上，其形状跟现代的牙刷类似。不过，宋朝比较缺马，马尾较少，用来做牙刷成本太贵，所以市场上常见的牙刷不一定都用马尾制作，也可能是用猪毛制作的。

　　南宋遗老周密在《梦粱录》里回忆道："狮子巷口有凌家刷牙铺，金子巷口有傅官人刷牙铺。"说明南宋时期杭州已经有人专门开店卖牙刷了，看来刷牙在南宋已经比较普遍。

古人刷牙的时候并不是用牙刷干刷，而是和现代人用牙膏一样，要在牙刷头上蘸清洁剂。这种牙齿清洁剂有膏和粉两种，其成分包含皂角、生姜、升麻、地黄、旱莲等中草药，可能会再放一些盐。古人的牙膏可是纯草本的。宋朝时，还发明了一种牙刷和牙膏的结合品，叫"牙香筹"。用香料和药材制成固体清洁剂，固定在牙刷上，用牙香筹反复清洁牙齿，然后再漱口。这种牙香筹可反复使用多次，而且携带方便，是古代人旅途必备之佳品。

后来，中国的牙刷传到了欧洲，受到贵族阶层的欢迎。但由于售价较高，一般欧洲民众难以承受。直到19世纪30年代，用尼龙做毛的牙刷诞生了，因其价格低廉，从而进入了寻常百姓家。

16

古人养宠物吗

日益孤独的现代社会，宠物成为很多人的知心陪伴。其实，不只是今人，古人也养宠物，这一篇咱们就聊聊古代比较常见的宠物。

最先陪伴古人的宠物，是忠心耿耿的"汪星人"——狗。狗的祖先是狼，是人类最早驯化的动物之一，距今已有上万年了。有研究表明，中国南方是最早驯化狗的地方。狗是从中国奔向全世界的，可以说中国是狗的"故乡"。先秦时期，狗和马、牛、羊、鸡、猪合称六畜，还有专门负责养狗的官，称为"犬人"，就是"狗官"的意思。

但中国人最初养狗的目的不是当宠物，而是为了打猎和吃肉。汉初名将樊哙，就是屠狗出身，可以看出直到汉朝初年，中国人还保留着吃狗的习惯。到了唐宋时期，养宠物狗成为风尚，狗还在唐朝名画《簪花仕女图》中成功抢镜。

△ 宠物狗（出自《簪花仕女图》）　　△ 宠物猫（出自周文矩《仕女图》）

　　慈禧是历史上有名的爱狗人士，她在皇宫里设立了养狗处，养了许多京巴，还配有四个太监专门伺候。这些狗吃的是牛肉、鹿肉，喝的是鸡鸭鱼汤。慈禧爱狗，甚于爱人。正所谓"慈禧的小京巴，大姐的小奶狗，说人不人，说狗不狗"。

　　猫在古代也被当作宠物来养，但其驯化历史比狗短很多。普遍认为，三四千年前的埃及人开始驯化猫。猫在埃及最初是被当作神来看待的。在古代中国，猫的地位也很高，甚至祭祀的时候还是主角之一。《礼记》中记载：天子每年腊月的祭天仪式中有个"迎猫"环节。之所以这么看重猫，可能是其目光神秘迷离，被认为能通神。另外，猫能抓老鼠，"迎猫"也有祈求灭鼠的意味。庄重严肃的祭天仪式中，众目睽睽之下，"喵星人"被抬着出场，那画面想想就有喜感。

到了宋朝，文人爱养猫，陆游的诗里就称猫为"狸奴"。现在的文人似乎也更偏爱猫，也许是因为猫比狗安静的缘故。宋朝的猫还登上过政治舞台，上演了"狸猫换太子"事件。明朝嘉靖皇帝是个有名的猫奴，其养的爱猫死了，让大臣写词纪念，并厚葬景山北面，称"虬龙冢"，立碑祭祀。尽管人类很爱猫，但猫对人类却始终高冷。有人说猫很薄情，还说猫不懂感恩，以至于人类在它面前更像奴隶，所以人才是"猫奴"。其实这是和猫半驯化的特性有关的。狗是完全驯化了，所以跟人更亲近。但是科研人员通过对比野猫和家猫的基因组后发现，家猫仍然只是停留在"半驯化"状态。与其说是人类驯化了猫，不如说是猫选择了和人类一起生活并驯化了人类。

除了阿猫阿狗，古人也驯养其他宠物。比如说养鹤，《簪花仕女图》中，贵妇人在逗弄小狗的时候，边上还站着一只仙鹤。仙鹤在古代象征吉祥长寿，所以受到古人的喜爱，成为宠物。

还有个长寿的动物古人也很爱养，那就是乌龟。古人养乌龟的历史很久远，《论语·公冶长》中就讲到鲁国贵族看到乌龟长寿，便将乌龟视为灵物，为乌龟建了很奢华的屋子。乌龟在古代一直象征吉祥如意，甚至人们起名字时都带"龟"字。比如唐朝诗人杜甫有个好朋友叫李龟年，我们上学时都学过杜甫的那首《江南逢李龟年》。今天，乌龟的地位则一落千丈，带上了贬义色彩，出现了缩头乌龟、龟公之类的说法。

养乌龟在古代还有个作用，就是用来检测水质。据说古人打井后，多会在井里投放一只乌龟。如果乌龟活着，就说明水质安全；如果乌龟死了，就说明这水有问题，甚至可能是有人投毒。所以，乌龟在古代不光是宠物，还是水质检测员。抖音上有人直播在野外荒废的水井里下网，说老井里能捕上来乌龟。我当时看了还质疑，水井里哪来的乌龟？后来看到古人养乌龟的原因，我就恍然大悟了。也许那个人抓的乌龟，就是自己的祖辈投放的"水质检测员"，或者是它的后代。

17

古人最爱什么体育运动

　　"文武之道，一张一弛。"古代也有休闲的体育运动，这一篇咱们就来介绍两种比较流行的项目。

　　第一个是投壶。投壶是古代士人阶层宴饮时常玩的一项游戏，也属于投掷类体育运动。投壶的基本玩法是在地面上立一个细身小口的高身壶，参与者离壶一定距离向壶内投掷弓箭，以投中多少和投中位置定胜负。投壶在古代也是一种社交礼仪，早期贵族在宴饮集会时要进行"射礼"，但射礼太危险，而且太费体力，慢慢就被投壶所取代。投壶于战国时就比较流行了，唐宋时更是普及成为全民运动。电视剧《知否知否应是绿肥红瘦》（以下简称《知否》）第一集中，就上演了宋代大户宴饮时的投壶场面，比较真实地还原了投壶这一运动的历史原貌。

　　投壶的具体规则是怎样的呢？不同时代的规则不尽相同，同一时代不同地区的规则也有区别。司马光是个投壶爱好者，看到社会上投壶玩法繁杂，就写了一部《投壶新格》来总结和规范投壶的规则。位高权重的司马光，居然会为一项体育运动写专著，可以看出古人并不是死板一块，也是爱生活、爱运动的。我们就以宋代为例，说说古代的投壶规则。

投壶用的壶，最初是光面的，晋朝时壶身上部多了两个壶耳，壶耳内也可投掷。宋代的投壶沿用了带壶耳的壶。投壶有多种得分方式。第一箭投入壶中，叫作"有初"，得分十算，也叫十筹。第二箭开始，连续投入的，叫作"连中"，得分五算。最后一箭投入壶中的，叫作"有终"，得分二十算。投壶一局一般投12支箭，全部投中称为"全壶"，如果一方"全壶"则立即胜利。投壶时，箭身前半段进入壶内，后半段倚在壶口边缘的，叫作"倚竿"。倚竿是很难操作的，多半是靠运气。在电视剧《知否》里，明兰

△ 投壶（出自商喜《宣宗行乐图》）

投壶时最后一箭就是倚竿，还因此赢得了比赛。然而按照司马光的新标准，倚竿是不能得分的。因为司马光认为倚竿是靠运气，不合礼仪，所以不算分。司马光是《知否》同时期的人物，也许是新规还没有普及，否则明兰就赢不了了。还有比倚竿得分更高的"倒中"，即箭倒着进入壶中，这种操作极难，可以得分一百算。

说完了投壶，我们再介绍一下古代的足球。无须惊讶，从某种角度讲，中国还是"足球"的发源地呢！只是那时候还不叫足球，而叫"蹴鞠"。1958年7月，时任国际足联主席的阿维兰热博士来中国时曾表示：足球起源于中国。2005年，时任国际足联主席的布拉特还为足球起源地山东临淄颁发了"足球起源地证书"。但古代的蹴鞠和现代足球的玩法还是有很大区别的。

△ 蹴鞠（出自商喜《宣宗行乐图》）

蹴鞠在战国时代就有了，的确是起源于齐国都城临淄，也就是今天的山东淄博。到了汉代，已形成一整套的比赛规则：双方各六人，外加一个裁判，以踢进对方球门的次数定胜负。但那时的球门是地上挖的洞，而且是各六个球门，踢的球也是实心的。

宋代是我国蹴鞠发展的巅峰时代。双方队员可增加至16人，球门也变成了各一个，而且高度也变高了，差不多有今天篮球篮筐的高度。宋代蹴鞠还出现了新玩法，即表演性质的，看谁踢球踢得好看，看谁的动作高难，这有点像今天的踢毽子。这种非对抗性玩法在当时更受欢迎，因为它更符合我国古代"和为贵"的处世态度。

宋代蹴鞠已经开始职业化运营，有专业的球员，还有专门的蹴鞠社团，类似今天的足球俱乐部。当时最有名的蹴鞠社团叫"齐云社"。齐云社有自己的队歌，属于顶级豪门，在当时有资格举办全国联赛，并在全国各大城市都设有分社，以临安（杭州）的齐云社实力最为雄厚。齐云社中的社员在全国走穴，还要根据技术高低分成等级，最高级称校尉。如果是女社员，进入校尉级就称女校尉。看来我国自古就重视"女足"的发展。

千年前的宋代人竟如此热爱蹴鞠，甚至有了商业化运营的模样，真的让今人自愧不如。难怪今人会打趣：自从高俅离开之后，中国足球已经没落了八百年。

18
古人能活多少岁

很多人以为古人都很长寿，估计是觉得那时自然环境无污染，食品也都绿色安全，所以古人都很能活。网络上谈古人寿命的话题时，总会提到一个叫彭祖的人，生活在四千年前的上古时代，活了800岁。有一种合理的解释说当时采用的是"小花甲计岁法"，即60天为一年，这样计算的话，彭祖的800岁只相当于130岁。尽管130岁也是难以置信的，但至少人类努力一下还能接近。

那么一般情况下，古人能活多少岁呢？学者林万孝经过研究统计，在《我国历代人平均寿命和预期寿命》一文中给出的古人平均寿命是：先秦18岁，汉朝22岁，唐朝27岁，宋朝30岁，清朝33岁。杜甫说"人生七十古来稀"，其实活过三十都不易。

为何会这么短？

首先，古代的婴幼儿夭折率非常高，拉低了平均寿命。乾隆皇帝17个儿子，有7个不到8岁就夭折了。皇家尚且如此，育婴条件欠佳的寻常百姓家，孩子的夭折率肯定更高了。夭折率一高，平均寿命就会低一大截。就像你家房子的面积是200平方米，隔壁老王家房子的面积是20平方米，你俩的人均住房面积就被拉低到110平方米！根据人口学的寇尔-德曼模型生命表，在平均寿命为30岁的社会情中，40%的人会在10岁前死亡。对于古人来说，10岁是一个槛儿，活过去了，后面的日子就细水长流了。不夭折的话，一般能活到四五十岁。陕西临潼新丰镇秦文化墓地的考古结果显示，在200例确定年龄的遗骸中，死于24~35岁壮年阶段的占39例，死于36~59岁中年阶段的占73例，还有29例活过了60岁。这座墓葬中不含未成年人，古代夭折的孩子一般是不和成人埋在一起的。

其次，即使古人好不容易活到了成年，也不一定能寿终正寝，还有好多考验等着他。比如频繁的战乱。像五胡乱华的魏晋时期、蒙古族人入主中原的宋末元初时期，还有太平天国运动的晚清时期，都是我国古代人均寿命的低谷时期。另外，战乱和自然灾害导致的饥荒，也会使很多人饿死。

最后，还有一个影响寿命的至关重要的因素——医疗条件。在古代，看病是非常贵的，《红楼梦》里讲医生出诊一次要一两银子，相当于普通人近半个月的收入，这还不算药费。在古代，除了达官贵人等有钱人家，普通民众几乎看不起病。尽管古代也有慈善机构可以免费诊治疾病，但仅限于大城市，且作用有限。"小病靠扛，大病等死"，是中国古代的普遍医疗状况。小说《骆驼祥子》里，虎妞难产，祥子去请医生，却花不起诊费，最后只能看着虎妞死去。

在古代即使你有钱看得起医生，能不能治好也要看运气，因为那时医术普遍不高，"庸医杀人"的事经常出现。在没有现代医学（西医）前，疾病的死亡率是非常高的，得个流感都可能会死。现在很多很好治的病，在古代都是要命的，比如伤寒、疟疾、肺结核。肺结核在古代叫肺痨，有分析认为林黛玉就是得这个病死的。还有天花，死亡率极高，以至于清朝皇帝立储时都会考虑皇子是否已经熬过天花的考验。这种死亡率极高的病，在现代已经被根除消灭了。在古代，被狗咬了都会有生命危险，如伤口感染，一旦染上狂犬病，那更是必死无疑了。

中华人民共和国成立后，国家普及现代医学，提高了人均寿命。一五计划时期，我们依靠苏联援助建立了华北制药厂，基本满足了青霉素和链霉素的需求。不要小看青霉素，这个在20世纪由英国科学家弗莱明发现的抗菌素，拯救了无数人的生命。

历史是发展的，时代是进步的。很多人羡慕古人的生活，但如果真让你穿越回去，没准儿都熬不过一年，得个感冒就一命呜呼了。所以，穿越之前，别忘了买点药带着。

饮食篇：
古人喝酒，为什么那么能喝

19

古人一天吃几顿饭

无论是上学的，还是上班的，一日三餐都已经成为现代人餐制的标准。那古人一天吃几顿饭呢？我们来考察一下。

在原始社会，人们靠采集和狩猎获得食物，食物来源很不稳定，一天吃几顿饭也不固定。食物丰富的时候，可能一天吃好几顿，一直吃到撑；食物匮乏的时候，可能一天也吃不上一顿饭。电视剧《我爱我家》中，葛优饰演的二混子是个四处混吃喝的流浪汉，他对自己的胃口这样描述："这就是我们行业的特点了，有吃吃得下，没吃扛得住，一顿饭前后管一个礼拜，这样的胃口才过得硬。"那时古人的胃口估计也差不多这样子。

进入农耕社会后，人们的食物来源相对稳定了，开始有了规律的餐制。但早期的餐制并不是一日三餐，而是一日两餐。

我国最早的文献记载见于甲骨文中，里面就记载了商朝时的一日两餐制。那时候人们将一昼夜分为八个时段，依次是：旦、大食、大采、中日、昃、小食、小采、夕。这八个时间段并不是将一昼夜二十四小时平均分割，而是根据人们的作息活动将一昼夜划分成八个长短不一的时间段，每一个时间段的名称则表示这个时间段的主要作息活动。比如说，"夕"是时间最长的，整个夜晚都叫夕，就是人们睡觉的时间段。"旦"就是早晨起床的时间，大约是早上5点到7点的黎明时分。你应该也猜到了，这八个时段中的"大食"和"小食"对应的就是吃饭的时间段。学者分析，大食的时间应该是上午8点，小食的时间应该是下午4点。也就是说，在商朝的时候，古人是一日两餐，上午一餐，下午一餐。

至少从西周开始，中国人又将一昼夜二十四小时平均划分为十二个时段，是为"十二时辰计时法"。这十二个时辰中，有两个叫"食时"和"晡时"的时辰，就是古人一日两餐的时间，分别是上午的7点到9点和下午的3点到5点。如果以地支命名，"食时"和"晡时"又叫作"辰时"和"申时"。

古人的一日两餐，上午餐称"饔"（yōng），下午餐称"飧"（sūn），正所谓"朝曰饔，夕曰飧"。因此还有了成语"饔飧不继"，意指吃了上顿没下顿，形容生活十分穷困。

先秦时期形成的一日两餐的传统，到唐朝时发生了变化。唐朝时，在上下午两餐的中间，多了一顿点心。也许是因为唐朝时人们白天活动的时间较之前延长了，两顿饭中间隔得太久容易饿，所以就在中午加了顿点心，是为午饭的雏形。今天南方一些地区，仍然管吃午饭叫"吃点心"，这种说法可能就是延续了古人的叫法。无独有偶，在韩语里面，"点心"一词也指午饭，很有可能是古时候受到了中国的影响。但需要说明的是，唐朝的午餐多存在于士人和富裕阶层，普通民众依旧是一日两餐。

到了宋朝，商品经济活跃，城市空前繁荣，人们的生活节奏也加快了，吃午餐就更必要了。以至于有的学者认为，一日三餐在宋朝已经普及。"普及"这一说法多少有些夸大，但至少较之前更为普遍了。宋代夜市发达，晚上还可以吃夜宵。所以，宋代可能还有一日四餐的情况，但这属于城市中的特殊情况。在宋代，一天吃多顿饭是财富和社会地位的象征。

明朝时，江南地区基本普及了一日三餐。到了清朝，汉族人基本上都是一日三餐了。但是，作为统治者的满族人，仍然保留着一日两餐的传统。康熙皇帝就曾在给大臣的朱批中写道："尔汉人一日三餐，夜又饮酒。朕一日两餐。当年出师塞外，日食一餐。"可以看出，一日几餐还涉及民族习惯和价值观念。

20
古代的"炊饼"是什么饼

　　《水浒传》里，武大郎的职业是卖炊饼。很多朋友以为武大郎卖的炊饼就是今天的烧饼，甚至还有厂商以武大郎名字作为品牌，注册了烧饼的商标。其实这是对武大郎的误解、对炊饼的误解和对历史的误解。武大郎卖的炊饼并不是烧饼。

　　炊饼是一种面食。我国很早就开始吃面食了，而饼又是面食中最常见的做法。在古代，面食几乎都可以被称为饼。汉朝比较常见的是"胡饼"，面饼上撒上芝麻，烤熟了吃，芝麻当时又叫胡麻，所以胡饼也叫胡麻饼。其实胡饼才像今天的烧饼，更确切地说，像今天的馕。据说胡饼起源于西域胡人，汉代才传入中原，属于"西方进口"食品。据《太平御览》引《续汉书》记载，汉灵帝就特爱吃胡饼，这位皇帝钟情于各种胡人传过来的新玩意儿，吃的用的都喜欢，是一个很时尚的皇帝。到了唐代，胡饼更为流行，成为人民群众喜闻乐见的食物。白居易曾写诗盛赞胡饼："胡麻饼样学京都，面脆油香新出炉。"《唐语林》还记载了一种做法奇特的胡饼：将一斤羊肉一层一层铺在面饼当中，"隔中以椒、豉"，就是在饼与饼的中间放椒和豆豉，"润以酥"，用酥油浇灌整个饼，然后放入火炉中烤，烤到大约五成熟的时候就可以取出来食用了。这种胡饼的制作方法，很像今天的披萨。

古代还有一种叫汤饼的面食，顾名思义，带汤的，肯定是煮出来的，类似今天的面条。还有一种叫蒸饼的面食，就是蒸出来的饼。将面团发酵后再蒸出来，其做法类似今天的馒头。蒸饼很常见，先秦时就有了，但是到了宋朝却改名了。因为宋朝第四位皇帝叫赵祯，蒸饼的"蒸"字发音和"祯"字相近，古人很讲究避尊者讳，不能直呼皇帝的姓名，更何况在人见人吃的食品里。所以从宋朝开始，蒸饼不叫蒸饼了，改叫"炊饼"。答案揭晓了：武大郎卖的炊饼，就是蒸饼，类似今天的馒头。

有的人看小说时看到古代也有叫"馒头"的面食，这个馒头和蒸饼一样吗？不一样！古代称为馒头的面食，里面一般是带馅的，多为肉馅。南宋《梦粱录》中记载：南宋都城临安城中有卖羊肉馒头、糖肉馒头、鱼肉馒头、蟹肉馒头等等。明朝宋诩写的烹饪著作《宋氏养生部》就特别注明了：馒头有馅，蒸饼无馅。宋明时期的馒头，更像今天的包子。清朝开始，对带馅馒头和不带馅的馒头在叫法上作了区分：北方管无馅的叫馒头，有馅的叫包子；南方依旧管有馅的叫馒头。

馒头最初出现的时候，是用来祭祀的，因为它长得像人头。原始社会流行"人首祭"，祭祀祖先神灵的时候要用人头。后来历史发展了，人类变得文明了，就改用人头形状的食品替代人首来祭祀，这样就出现了馒头。

民间还有种说法：馒头是诸葛亮发明的。诸葛亮当年进军西南蛮夷地区，胜利后班师回朝，在渡泸水时，巨浪滔天，无法渡过。停留期间，由于瘴气湿重，很多士兵又都中了毒。当地流传着一个说法：想要解毒和渡过泸水，就必须用四十九颗南蛮人的头当祭品来安抚泸水河神。此时西南战事刚刚结束，本已生灵涂炭，诸葛亮不忍再杀害南蛮人，就下令杀牛宰羊，剁成肉馅，再用面团包成人头形状，上屉蒸熟，称为"蛮头"，意为蛮族人的头。然后用"蛮头"在泸水边祭祀，最终得以渡江。后来，人们觉得蛮头的名字太血腥了，就改称为"馒头"。这一说法太过传奇，可信度不高。然而，馒头的出现与古代祭祀活动有关，这是学界普遍认可的。由此可见，尽管传说不足信，但可能有其历史起源。

21

古人经常吃牛肉吗

我们看《水浒传》里的梁山好汉都很爱吃牛肉。有人统计过，《水浒传》全书共有48处描写了吃牛肉的情节。其中最著名的桥段是武松到景阳冈饭店：

　　酒家道："只有熟牛肉。"
　　武松道："好的切二三斤来吃酒。"

那么，古人真的经常吃牛肉吗？答案是否定的。因为在农耕社会，牛是重要的劳动耕畜和运输工具，是家庭的重要财产，是严禁被屠宰吃肉的。我国历朝历代都有立法明令禁止杀牛，例如在汉朝，杀牛等同于杀人，可以判死刑。《淮南子》记载："王法禁杀牛，犯禁杀之者诛。"到了唐朝，虽然废除了杀牛偿命的规定，但杀牛行为依然要被判一年半徒刑，或去做苦役。所以古人是不能随意吃牛肉的，那《水浒传》里的英雄好汉为何总吃牛肉呢？

首先，他们吃的可能是老死、病死或意外死亡的牛，这样的牛肉是可以吃的，但需要官府的批准。其次，《水浒传》里卖牛肉的多是乡野郊区的野店黑店，官府监管不到，偷偷摸摸卖点牛肉也没人管。另外，梁山泊这些英雄好汉，多是和官府唱反调的，作者为了突出他们的反抗精神，所以专门吃官府保护的牛。《水浒传》中的故事情节多来源于元杂剧，而元杂剧中最初的"梁山好汉"吃的并不是牛肉。元杂剧《黑旋风双献功》中，李逵吃的是"一罐子羊肉泡饭"。涉及鲁智深的几部元杂剧，主角吃的也是羊肉。所以《水浒传》作者施耐庵把吃羊肉改为吃牛肉，可能是为了突出梁山英雄好汉们的反抗精神。所谓"造反有理，一反到底"，吃牛肉也是反抗精神的体现。

还有一点更为重要，古代官方严禁吃牛肉，但不代表民间就真的能禁绝。就像今天吃熊掌等野生动物违法，但民间还是有铤而走险吃的。舌尖上的中国，为了吃，没有什么不可以！正因为官方禁止，所以市面上牛肉稀缺，牛肉价格远高于其他肉类。古人为追求暴利，私自杀牛的事屡禁不止。宋代时，每斤牛肉可以卖百钱，按照购买力换算，折合今天的百八十块钱。在利益的趋势下，一定会有人铤而走险，这也是古代能吃到牛肉的最重要原因。

宋真宗时，一个叫孔宗闵的官员上奏说"浙人以牛肉为上味，不逞之辈竞于屠杀"。由此可见，当时浙江私杀耕牛的情况非常严重。宋真宗听后大为震惊，下旨要求严厉惩处，开展"严打吃牛肉"全国行动。然而行动无疾而终，因为官员上奏说民间吃牛肉的太多了，如果都抓起来，恐怕咱们宋朝的监狱都不够用。宋真宗无奈，最后只能作罢——谁爱吃就吃吧！

同样是宋朝，山东莱州地区的官员对待民间吃牛肉问题的处理就显得更"与时俱进"：看到吃牛肉的太多，干脆就收起了"吃牛税"——吃牛肉可以，但你得交税！重商主义的宋朝，真的很会利用经济杠杆。这样一来，既打开了牛肉市场，丰富了民众的菜盘子，又充实了地方政府的钱包子，一举两得。但是，农业社会吃牛太多，的确会对农业经济造成严重损害，最终又会破坏传统经济的根基。所以"吃牛税"遭到了强烈的批评，政府最后也停止了该政策，继续严禁吃牛肉，这就又回到无法禁绝的局面。

看来，在古代吹牛不算厉害，吃牛才厉害呢！

22

古人吃哪些蔬菜

上一篇咱们聊了古人吃肉的话题，接下来我们再说说古人吃蔬菜的事。如果穿越回古代，看到古人吃的蔬菜，很多人会立马崩溃——这居然也是蔬菜？

大家都听过先秦时期的荇菜，这种菜在《诗经》开篇里就有写，听起来是一种很高端的蔬菜。其实荇菜就是我们今天池塘里常见的浮叶。据说荇菜清热利尿，怪不得诗人见到姑娘会想到荇菜，原来是因为求之不得怕上火啊。

汉朝时有五种主要蔬菜，被称为五菜，即"葵、韭、藿、薤、葱"。今人穿越回去，恐怕只认得韭菜和大葱。五菜里最流行的是"葵"，也就是今天的冬苋菜。汉乐府《十五从军征》里就写过"采葵持作羹"。另外，《诗经》里写的"采葑采菲"中的葑和菲也是古代常见的蔬菜，葑就是蔓菁，在我们东北叫"芥菜疙瘩"，主要用来腌咸菜吃。它还有个俗名叫"布留克"，据说来自俄语音译。"布留克"谐音是"不留客"，在东北有种说法：拿芥菜疙瘩招待客人的就是想送客了。至于菲，听名字不要太期待，它其实就是我们今天常吃的大萝卜。古人也吃白菜，叫作菘，但古代吃的白菜是小白菜，到了明清之际，才改进杂交出大白菜。

中国人今天吃的大多蔬菜是古时候从外国传入的。丝绸之路开通后，大量西域蔬菜传入我国，比如从伊朗传入的黄瓜（当时叫胡瓜）、尼泊尔传入的菠菜、印度传入的茄子。到了唐朝，餐桌上的蔬菜就比较丰富了。明朝时，由于欧洲人开辟新航路，发现了美洲，更多蔬菜传入了我国，比如土豆、番薯、番茄、番瓜（番瓜就是南瓜），还有今天川菜中最重要的一样蔬菜——辣椒，也是这个时期从美洲传入的。我们今天吃的蔬菜瓜果里，带有番字的，一般都是明清之际传入我国的舶来品，因为那时候我们习惯称外国为"番"。如果蔬菜名字中带有胡字的，则一般是唐朝时传入我国的舶来品，因为那时候我们习惯称外国为"胡"。番和胡都带有以中华为中心的天朝意识，小小的蔬菜名都能映射出历史大背景。

外来农作物对中国历史发展影响最大的就是明清之际的玉米和番薯了，我们东北俗称苞米和地瓜。这两样农作物引入中国后，逐渐成为主食，确切地说不算蔬菜。玉米和番薯最大的优势是环境适应能力强，对土地要求不高，可以种植在贫瘠的山区或丘陵坡地，不与中国传统的稻麦作物争地。康乾盛世期间，人口繁育速度快，人口压力凸显，最大的压力就是没有足够的粮食。为了鼓励民众开垦荒地，乾隆时制定了包括免税在内的多项优惠政策，鼓励民众开垦荒地用来种植玉米、番薯等高产作物。

自从乾隆时期广泛推广玉米、番薯种植后，中国的人口就呈现出爆炸式增长，最终达到农耕文明的顶峰四亿。香港科技大学历史学教授龚启圣通过对大量数据分析后认为："从1776年到1910年间，中国14.12%的人口增长是由玉米所致。而从16世纪初到20世纪初，中国粮食增量的55%是来自这三项新作物（玉米、番薯和土豆）。"近代中国的四万万同胞，真心应该感谢来自远方的地瓜和玉米。

23
古人什么时候开始吃炒菜

　　炒菜是中餐特有的烹饪方式，也是最重要的烹饪方式。有统计表明，中餐菜肴里有80%左右都是炒菜，以至于外国人认为"炒菜是中国菜之所以丰富的原因"。然而在中餐历史上，炒菜的出现是相对比较晚的，其霸主地位的确立也仅仅是最近三四百年的事情。

　　中餐最早的烹饪方式主要是煮和烤，这种较为朴素的烹饪方式一直流行到唐朝。唐朝时，称烧烤为"炙"。不要一提烧烤就想到烤全羊这种简单粗暴的方式，古人在烧烤上花的心思绝对是今人想不到的。比如唐朝京都有道名菜"浑羊段忽"，做法非常复杂。宰杀一只鹅，然后将糯米和各种调味品放到鹅肚子里，再将鹅放入宰杀好的羊腹中缝合，最后整体上火烤。等羊肉烤熟了，再把肚子里的鹅拿出来吃。

△ 汉代庖厨图像砖拓片（成都博物馆收藏）

　　唐代有一份菜单一直流传到今天，即著名的"烧尾宴"。菜单中有一道"光明虾炙"，据分析就是烤大虾。除此之外还有烤鹌鹑、烤羊舌、烤鹿舌等等。可以说烧烤才是中国菜中最早的霸主。

　　至于煮，就是做各种汤羹，今天广东人依然喜欢煲汤，和古人最初的饮食传统一致。另外，古代还有一种常见的菜品，叫作"脍"，就是肉或鱼切丝。在唐朝，脍一般是生鱼切片。今天的日本人爱吃生鱼片，不知是不是受到了唐朝的影响。生鱼片加烧烤，就是成语"脍炙人口"的由来了。

唐朝之前，中国也有炒菜，最早的记载见于南北朝的《齐民要术》。历史上炒菜的祖宗，是一道非常简单的菜品——炒鸡蛋。但是炒菜在那时候并不流行，很少在大众餐桌上出现。到了宋朝，炒菜才逐渐普及。《东京梦华录》里记载的炒菜就有炒鸡、炒兔、炒羊、炒牡蛎、炒腰子等等。到了明清，炒菜便成为中餐最主要的烹饪方式，一直延续到今天。

为何炒菜在宋代之后才开始普及呢？

首先是铁锅技术的发展。宋代之后，古代的钢铁铸造技术定型，铁锅技术逐渐完善。到了元明时期，薄铁锅制造技术更加成熟，炒菜的霸主地位也随之奠定。铁锅技术是炒菜流行的条件之一。

炒菜流行的条件之二是油料的普及。油是炒菜最关键的原料。唐朝之前，油料并没有大量出现，只有少量动物油，而且不会用于炒菜。唐朝时，植物油开始普及，炒菜的流行也开始成为可能。到了明清两朝，北美花生油登陆中国，这种油料非常适合炒菜，为炒菜的崛起提供了另一个重要条件。

另外，食材种类的变化也起到了关键性的作用。唐代及唐代以前，人们皆以肉食为美，素菜种类不多。宋代时，素菜开始大放异彩。而素菜的烹饪，最佳方式还是炒，炒出来的蔬菜最美味。蔬菜的流行，为炒菜提供了大量食材来源。

宋朝之后炒菜的流行，也跟肉类食材的匮乏有一定关系。特别是明清两朝，人口压力大，普通民众很少能吃到肉。用二三两肉结合蔬菜，就可制作出各种美味的炒菜，这是其他烹饪方式无法做到的。明清之际，北方民众燃料紧缺，而烧烤和炖煮需要长时间加热，太费燃料。于是炒菜因加热时间短，节约燃料，受到了大众青睐。

综上所述，古人最初不怎么吃炒菜，宋代之后才流行吃。今天，相对于其他菜系而言，粤菜和日本料理中的炒菜比例相对较小，不知道是不是保留了华夏最初的烹饪习惯。所以，如果你是枚吃货还想穿越，最好是穿越到宋代以后。否则，你每天就只能喝"汤"吃"烧烤"了。

24
古人用什么餐具

2018年，国际时尚品牌杜嘉班纳，因为广告片中对筷子的调侃，引发了广大中国网民的不满，甚至上升为"辱华事件"。撇开这个事件的内容不谈，用筷子或刀叉作为餐具，是不同文明根据自身情况的自我选择，没有优劣之分。很多国人并不知道，中国人最早用的餐具还真不是筷子，而是刀叉。

筷子最初叫"箸"，现存最早的筷子是河南安阳殷墟出土的青铜箸。《韩非子》还记载"昔者纣为象箸"，是说纣王用过象牙做的筷子。由此可见，筷子的出现应该是在商朝，距今三千多年。而国人用刀叉的历史却更久远，至少比筷子早一千年。这也不难理解，因为从食物进化的角度看，人类最初的食物并不精细，从茹毛饮血到文明初期的大块肉，显然更适合用刀叉分割食物。

△ 青铜匕（洛阳博物馆收藏）

国人最早用的餐具是餐刀，称为"匕"。考古出土的先秦青铜匕，前半部是扁而微凹的，这样既可以当刀用，也可以当勺用。后来又出现了餐叉，在距今四千年的西北齐家文化遗址中，就出土了骨质的餐叉。刀叉并用的情况，在我国一直延续到战国时代。商周时期出现的筷子，主要是上层贵族使用。因为贵族的饮食已经精细化了，制作食物时已经将大块食材分割成小块，这样在食用的时候就不必再用刀叉切割，直接用筷子夹入口中即可。在古代，动手越少越代表尊贵，所以筷子的出现是等级分化和食物制作精细化共同作用的结果。

周朝制定了华夏社会的礼法，外形锋利的刀叉不如筷子文雅，被礼法所抛弃。优雅的筷子成为先进中华文化的代表，被周边国家广泛认可，也从贵族阶层走进了寻常百姓家。民众阶层使用的筷子，多是用廉价的竹子或木头制成，所以"箸"字是竹字头。

另外，筷子成为我国的主流餐具，还和我国农耕文明的特质有关。游牧文明以食肉为主，吃肉就离不开刀叉；农耕文明的主食不是肉，而是粮食和蔬菜。无论面条、米饭、炒菜，都更适合用筷子吃。古代的游牧文明也比较仰慕中华文化，也学着用筷子，但实践过程中发现筷子无法应对他们常吃的大块肉。后来，游牧民族就将筷子和刀叉并用，进行了文明融合后的改良。

那古代西方人用什么餐具呢？在古代大部分时间里，西方人是不用餐具的，而是直接用手抓着吃。即便是强盛的罗马帝国时代，贵族最时尚的吃法也是躺在床上用手取食物吃。在基督教统治的中世纪时代，手抓食物更是从宗教和文化上被认可，教会认为食物都是上帝恩赐给人类的，必须用手直接接触才能体现敬意，用餐具是对上帝的傲慢无礼。西方人用手抓食物吃也有等级区别，王室和贵族是用三个手指抓着吃，平民用五个手指抓着吃。今天的印度人还用手抓食物吃，所以他们一般不敢吃火锅。

那西方人是什么时候开始使用刀叉的呢？历史学者分析，人们广泛使用餐叉是从公元10世纪的拜占庭帝国时期开始的。据传，是因为意大利面汁水太多，用手抓吃相太难看，于是就有了餐叉，可以把面条卷在四个叉齿上送进嘴里。还有的学者认为餐叉并不是西方人的原创发明，而很可能是从东方传入的。因为拜占庭帝国位于东西文明的交会处，所以成为最早使用东方叉子的地区，而餐叉传播的源头可能就是中国。

25
古人吃火锅吗

火锅是国人非常喜爱的美食，大江南北，长城内外，只要有中国人的地方就会有火锅。火锅种类众多，若按江湖论，可分为三大门派。北方火锅以涮羊肉为主，粤式火锅以潮汕牛肉为代表，而居于霸主地位的还得说是川渝火锅。这一篇咱们就聊聊中国火锅的历史。

如果将火锅简单理解为"用锅烧水涮食物吃"的话，那么中国火锅的历史就非常悠久了。早在先秦时期，我国就已经有火锅了，但用的不是锅，而是鼎，准确的叫法应该是"火鼎"。到了汉代，还出现了内部分格子的鼎，样子有点像今天的九宫格火锅。那时候的火锅不是即涮即吃，而是用沸水长时间煮食物，其做法更像今天东北的大锅炖。

到了宋代，人们开始用火锅涮肉吃了，但涮的不是牛羊肉，而是兔肉。宋人吃火锅的时候，大家围坐在"风炉"（上面架着火锅）四周，将腌制好的兔肉放入沸水中滚熟，夹出后即刻食用。口味重的还可以蘸着调料吃，很有今天吃火锅的味道了。宋朝林洪撰写的饮食书籍《山家清供》里，盛赞这种火锅是"浪涌晴江雪，风翻照晚霞"，意思就是说汤锅沸腾如白雪，兔肉鲜红似晚霞。宋人风雅，给涮兔肉火锅起的名字就叫"拨霞供"，这个名字不但色香味俱全，还很文艺。

真正奠定今天涮肉火锅基础的是蒙古族人。蒙古族人好吃羊肉，但在外行军打仗时，炖羊肉很麻烦，因此他们就将羊肉薄切，在沸水里涮一下即熟。随着蒙古族人征服中原，这种火锅也传入了内地。热气腾腾的涮肉火锅，在北方更受欢迎，因为它不光好吃，还能取暖。

△ 古代的铜火锅（青海省博物馆收藏）

到了清朝，因为满族人是从东北来的，所以很爱吃热乎乎的火锅。清朝曾经举办过几次规模宏大的"千叟宴"（皇帝宴请六七十岁以上的老人聚餐），宴席上就有皇帝喜爱的火锅。乾隆五十年那次千叟宴，火锅更是成了宴席的主角。根据文献《清代宫廷大宴——千叟宴》记载，那次千叟宴共分两个等级的宴席：

> 一等宴席每桌摆设火锅两个，煜羊肉片一个，鹿尾烧鹿肉一盘，煜羊肉乌叉一盘，荤菜四碗，蒸食寿意一盘，炉食寿意一盘，螺蛳盒小菜两个，乌木筋两只；另外备肉丝烫饭。次等宴席每桌摆设火锅两个（铜制），猪肉片一个，煜羊肉片一个，煜羊肉一盘，烤狍肉一盘，蒸食寿意一盘，炉食寿意一盘，螺蛳盒小菜两个，乌木筋两只；同样备肉丝烫饭。

可以看出，两个等级的宴席中，火锅都是最主要的菜品。皇家的喜爱，就会引起民间的流行。火锅后来流传至京城市肆，多由清真饭馆经营。《旧都百话》有记载："羊肉锅子，为岁寒时最普通之美味，须与羊肉馆食之。此等吃法，乃北方游牧遗风加以研究进化，而成为特别风味。"据说直到光绪年间，北京"东来顺"羊肉馆的老掌柜买通了太监，从宫中偷出了"涮羊肉"的作料配方，"涮羊肉"才得以在都市名菜馆中出售。

今天红遍大江南北的川渝火锅，其出现的历史要晚于涮肉火锅。川渝火锅的特点是麻辣，而中国人食用辣椒不过是最近二三百年的事，因此川渝火锅不可能早过这个时间。川渝火锅的具体诞生时间可能是在晚清和民国交际时，诞生地点则应是长江沿岸的码头地带。具体地点有重庆说和泸州说。一种流传较广的说法是：重庆朝天门码头一带，原是回民屠宰牲口的地方。回民宰牛后将内脏丢弃，贫穷的码头船夫、纤夫们则将其捡回，洗净后倒入锅中，加入辣椒、花椒、姜、蒜、盐等辛辣作料，煮而食之，这就成了川渝火锅的起源。他们当时涮的大多是毛肚、鸭肠等富人不吃的下水，都是便宜货，所以最初的川渝火锅是不折不扣的穷人食品。美食不问出身，大闸蟹在最初也是穷人吃的，但谁能说现在吃大闸蟹的还都是穷人呢？

26
古人什么时候开始吃辣椒

一般认为，世界上最早吃辣椒的是美洲的印第安人。中国古人也爱吃辣，但辣味的最初来源并不是辣椒。古代最常用的辛辣味调料是花椒、吴茱萸、生姜。吴茱萸就是王维诗里说的"遍插茱萸少一人"中的茱萸。用量比例最大的辛辣味调料是花椒，唐朝时，三分之一以上的菜肴都用到花椒。可以说，花椒才是中国古代的辛辣之王。

辣椒在明朝末年才传入我国，因此明朝之前中国人是吃不到辣椒的。以前看过一个中医在微博里说：张仲景在汉朝发明了饺子给大家御寒，饺子馅里面就有辣椒。这纯属无稽之谈，除非张仲景穿越到了明朝。文献上首次对辣椒的记载，见于明朝万历年间高濂的《遵生八笺》。学者分析，辣椒可能是通过海上丝绸之路传入我国，最先进入的是浙江地区，随后传入湖南、云贵地区，再然后是陕西和山东，传到四川已经比较晚了。在辣椒传入之前，川菜的辛辣味多来自花椒。花椒更多体现的是麻，其辣度远不如辣椒。经常有人说"四川人吃辣两百年，吃麻上千年"，这种说法是有道理的。

然而辣椒最初传入的时候并不用来食用，而是作为观赏植物，真是暴殄天物！最先吃辣椒的可能也不是四川人，而是贵州人，并且是被贫穷逼出来的。清朝时贵州交通闭塞，物资匮乏，人们缺少食盐，康熙年间贵州人只好用辣椒代替食盐来烹饪。到了乾隆年间，辣椒已经被贵州人广泛食用，尔后又传入云南和湖南的交界地区。今天吃辣的核心区四川，普遍吃上辣椒，得是晚清时候的事了，至今也就一百多年的时间。

今天，中国是全球辣椒产量最大的国家，超过世界总产量的一半。中国哪个地区的人最爱吃辣椒呢？是四川人吗？是的！根据历史地理学者蓝勇的统计，中国饮食辛辣指数最高的是川渝地区，指数高达151；第二名是湖南，辛辣指数59；第三是湖北，辛辣指数29.2；最低的是广东，辛辣指数8.84。不知道为何没有统计贵州，在王老师的印象中，贵州人吃辣不逊色于四川人，老干妈就可以证明。

为何四川人爱吃辣椒呢？这和气候有很大的关系，如果将中国吃辣指数地图和太阳辐射量地图相对比，大家会发现：重辣区与太阳辐射热量每年低于110千卡的地区高度重合，而且重辣区多是冬季湿冷地区。爱吃辣椒的人，多居住在光照少或冬季湿冷的地区。如果光照也少冬季也湿冷，那一定是重辣区，四川就属于这种。

四川人最爱吃辣椒，但辣椒产量最大的地区则是山东。中国最辣的辣椒也不产自四川，而是海南的黄灯笼辣椒和云南的涮涮辣。世界上最辣的辣椒也并不产在中国，而是美国的卡罗来纳死神辣椒，辣度指数超过朝天椒100倍，生吃这种辣椒可以完美诠释成语"生不如死"。你可千万不要试！

27

古人怎么喝茶

在许多南方方言里，喝茶被叫作"吃茶"。比如说讲闽语的福建人，就说"吃茶"。称"喝茶"为"吃茶"，可能是保留了古人的叫法。唐朝时，人们就不是喝茶，而是吃茶。

唐朝之前，人们饮茶的目的五花八门，有当药的，有当菜的，喝法有点像喝中药或喝菜汤。到了唐朝，饮茶开始成风，周杰伦有首歌叫《爷爷泡的茶》，里面就唱道："唐朝陆羽写《茶经》三卷，流传了千年。"

唐朝饮茶成风与当时佛教的兴盛密切相关，佛教禅宗讲究坐禅修行，就是盘腿一动不动地坐在那儿思考，一坐就是小半天，这很耗费体力。所以僧人就靠吃茶来补充体力，相当于今人喝功能性饮料。

唐朝形成了较为规范的喝茶方法，和今天很不一样——不是喝茶，而是"吃茶"。如今有很多方言里还保留"吃茶"一词。1987年，陕西扶风法门寺出土了一整套唐朝宫廷吃茶器具，可以还原唐朝人的吃茶方式。唐朝人吃茶的时候，不是冲泡茶叶，而是煮茶或煎茶。他们用的多是"饼团茶"，先把生茶叶蒸青、捣碎，做成茶饼烘干，然后存放在茶笼里，茶笼四周镂空，便于通风。有时候还要给茶笼加热，烘焙茶饼。吃茶时，先用茶碾器将茶饼碾碎，将碎末放入筛箩中，筛去杂质，留下茶粉，然后煎制。煎茶时将茶粉和各种作料放在一起煮。作料有啥呢？一般是葱、姜、盐等，还有的放橘皮、茱萸、薄荷、桂皮等。煮出来的茶是黏稠状的，所以叫作茶汤。这样的茶，最佳用法是吃，而不是喝。法门寺茶具所还原的唐朝吃茶方法，和陆羽《茶经》中描述的吃茶方法基本契合。可以将其简要概括为以下六个步骤：焙炙；碾碎；筛箩；煮水加盐；加茶末；品茶。

△ 南宋点茶技艺（出自刘松年《撵茶图》）

唐朝的茶是碾成粉后饮用，这种饮用茶粉的习惯后来传到了日本，慢慢就演化出了抹茶，今天仍受大家欢迎。当下，一提到抹茶，大家会觉得它来自日本，其实抹茶的起源是中国的唐朝，只是日本保留了唐朝的古风。

到了宋朝，更为流行的是点茶法。尽管同样是用茶粉作为原料，但与煎茶法不同的是，点茶法是将茶粉放在茶碗里，注入少量沸水调成糊状，然后继续注入沸水，同时用茶筅搅动，使茶末上浮，形成粥面。

宋朝的文人喜欢比拼点茶手艺，制定了一整套的规则，形成了"斗茶"的风俗。宋徽宗还写过一部关于茶的专著《大观茶论》，里面对斗茶风俗有详细的记载。其整个过程为："搅动茶膏，渐加击拂，手轻筅重，指绕腕旋，上下透彻，如酵蘖之起面，疏星皎月，灿然而生。"这种带有表演性质的点茶技艺，单从操作本身来看，今天日本的茶道与之非常相似。

到了明朝，人们发明了炒青制茶法，茶的喝法也发生了巨大改变。炒青后的茶叶用热水冲泡即可，无需食用就能享受其芳香。明朝人也认为，相比繁琐的点茶饮法，泡茶饮法"简便异常，天趣悉备，可谓尽茶之真味"。另外，明朝放弃吃茶，也和明太祖提倡节俭有关。宋朝时，宫廷喝的茶主要产自闽南和岭南一带，因茶饼上印有龙的图案，所以又称"龙团"。龙团的饮用方法须煎饮。《馀冬序录摘抄内外篇》中曾记载，"太祖以重劳民力，罢造龙团，一照各处，采芽以进"。因此不喝煎饮的龙团了，饮茶方法也改变了。受朱元璋影响，明朝以后的茶叶才开始流行冲泡后清饮，一直延续到了今天。

现在，南方一些地方依然会在煮茶时加入一些作料，和唐朝人吃茶很像。广东汕尾地区流行一种"擂茶"，将绿茶加入大米、花生、食盐、生姜等作料放入钵内，用一根半米长的"擂棍"捣碎，然后再加水煮沸。透过擂茶，我们可窥视唐朝吃茶情景之一二。擂茶，也许是穿越了千年的活历史。

△ 抹茶 　　　　△ 擂茶

28
古人为什么那么能喝

　　文学作品或影视剧里的古人往往都很能喝酒。"李白斗酒诗百篇"，唐代用的小斗，一斗大约合今天两升，也就是说，李白能喝4斤酒。这还不重要，关键是喝完这么多还能写诗，今人喝了这么多估计只能"尿湿"了。更厉害的是武松，在景阳冈喝了18碗。这1碗不管怎样也能装4两酒，就算武松手抖，洒了许多，18碗也得有6斤酒。武松喝完还能上山，还能打虎，而今人喝了6斤白酒，只能上医院了。

　　古人为什么有这么高的酒量呢？玄机就在于他们喝的酒和我们今天的酒不一样。

　　古人最早喝的酒是酿造酒，以大米、黍米、粟米等谷物为主要原料，发酵酿造而成。这种酒的过滤技术不成熟，酿出来的酒，还含有不少细微米渣等杂质，所以呈现出浑浊状态。那时酿酒也没有无菌技术，酿出来的酒含有很多微生物，颜色可能是绿的。表面还会浮一层白色的漂浮物，如同白色的蚂蚁，所以也有"蚁绿酒"之称。古代文学作品经常称酒为"浊酒"，这是因为酿酒技术不成熟造成的。这种酒容易腐败变质，所以那时候的人喝酒习惯煮了再喝。曹操与刘备煮酒论英雄，实际上是在搞杀菌消毒工作。

唐朝以前的酒，更像今天的醪糟，酒精度多数也就1度左右。而酒肆或者酒坊里卖的酒，往往会把里面的杂质进一步澄清过滤，因此也称为"清酒"。这种酒经过窖藏以后，度数可达5度左右，在那时已经是很好的酒。李白喝的酒，顶多也就5度，和今天的啤酒差不多。李白喝一斗酒，也就相当于今天的4瓶啤酒。这酒量，在我的老家黑龙江，也就是中学生的水平。

到了宋代，酿酒工艺有所提升，酒精度估计能到10度左右了。武松喝的18碗酒，顶多就是这个度数。换算成今天50多度的白酒，武松应该喝了1斤左右。这个酒量在今天也算厉害了。但在武松的老家山东，这样酒量的汉子还是不难找的。

在宋代之前，古人喝的酒都是前面说的酿造酒，也叫发酵酒。度数一般不会高于10度，基本可以当作啤酒喝，所以古人喝酒都是用大碗的。

到了元朝，酿酒工艺有了划时代的革新。这种革新来自北方游牧民族的影响。元朝是蒙古族人建立的政权，在其之前北方还存在过辽、金等游牧民族政权。游牧民族生活在蒙古草原和东北地区，冬季长且寒冷，因此喜欢喝高度酒来取暖，像今天的战斗民族俄罗斯人，就爱喝伏特加这种高度酒。元朝前后，北方游牧民族从阿拉伯人、波斯人那里学会了蒸馏技术，再结合中国传统的酿制工艺，酿造出了中国特色的高度谷物蒸馏酒。

这种蒸馏酒的制作方法，是把经过发酵的酿酒原料进行一次或多次的蒸馏提纯而成。酿造酒之所以度数低，是因为里面的水分和杂质太多，而蒸馏的过程则是根据酒的物理特性将其提纯。酒精的汽化点是78.3℃，水的汽化点是100℃。蒸馏时，将发酵后的酒液加热到78.3℃到100℃之间的一个恒定温度，酒精就会从酒液里汽化出来，再将汽化酒精输入管道冷却，便能液化成高纯度酒液。多次蒸馏后，酒液的酒精含量就更高。这种蒸馏酒的酒精度一般都能达到40度以上，高一些的能达到60多度。我们今天喝的白酒，就是这种蒸馏酒。

蒸馏酒技术随着蒙古族人入主中原而被带到内地，所以元朝之后中国开始流行喝蒸馏酒，一直延续至今。关于蒸馏酒的起源时间，学界还有争议，有的认为是宋朝或更早，但主流观点仍然认为元朝是蒸馏酒的起源时间。当今那些历史悠久的白酒品牌，例如"水井坊"和"国窖1573"，它们的诞生年代都没有早于元朝的，一般是明朝。

如果有人想穿越回元朝之后喝酒，他得悠着点儿。但如果是元朝以前，他就不用怕，可以跟古人放心大胆地喝！

文化篇：
古人说话，也用文言文吗

29
古人说话也用文言文吗

　　很多人以为古人在日常说话时也满口"之乎者也"，担心穿越回去不会说"文言文"，没法和古人交流。这种担心是多余的，因为古人日常交流用的也是白话文。

　　所谓文言文，是古人写文章时用的书面语言。春秋以前，文言文与口语白话文的区别并不大，文言文实际上就是将商周时期的口语简化后变形而成的。到了春秋战国时期，文言文基本定型，以后的两千年基本没有变过。但口语白话文却一直在变，变化的原因主要是受移民的影响，比如游牧民族入主中原所导致的语言变化。唐朝之后，白话文和文言文分离得更加明显，人们平时说话和写文章已经完全不一样了。

　　那古人为何写文章的时候不用白话文呢？这样岂不是更方便读懂吗？白话文尽管容易读懂，但真的不容易写，因为用字太多。

同等信息含量的内容，如果用白话文，会比文言文多出一倍的文字量。在纸张没有发明前，古人在青铜器上铸字、竹简上刻字、丝帛上写字，这些书写材料都十分昂贵，而且书写过程也很费劲。所以，古人为了省钱省力，写文章的时候必须惜字如金，文言文这种精简化的用语就体现了它的优势。打个比方，您正在读的这部书总共十余万字，如果用竹简写成，需要近三十斤竹简。如果百万字的长篇小说用竹简写成，大部分人是买不起的。所以，古人用文言文的最初目的是为了省字控制成本。

东汉改进了造纸术，唐宋普及了印刷术。书写材料便宜了，过程也不那么费劲了，为啥还用文言文呢？这主要是因为文化传承的惯性，文言文格式稳定，言简意赅，有表达优势。另外，古代的知识分子用文言文还能提高自己的格调——这样能把自己和普通的"吃瓜群众"区分开来，通过体现文化的高低差异来获得优越感。两千多年来，使用文言文一直是读书人的身份象征，直到新文化运动倡导白话文后，文言文的优越感才消失。

宋朝之后，随着民众阅读的普及，白话文在书籍文章中的使用数量大大增多。宋代兴起了一种新的文学形式"话本"，实际上就是说书艺人表演时使用的底本。这种话本融合了口语和书面语，产生了一种浅近文言体，即白话小说。此后的畅销类小说基本都用白话文了，这样读起来比较贴近真实生活，而且大家都能读得懂，四大名著就是此类小说的代表。今天的初中生读四大名著就容易，但读纯文言体的《史记》就费劲多了。

宋朝之后的白话文和今天差别不大了，基本上都能看懂。史书上记载过一段宋代官府审问一个妇女的对话，这妇女砍伤了自己的丈夫，官府的原话是这样说的："是你斫伤本夫？实道来，不打你。"和今人说话相比，只是个别字的用法听起来有些别扭，但不影响理解整句话的意思。

明朝时朱元璋写圣旨也多用白话文，因为他的文化水平不高，用白话文方便点。朱元璋有一道圣旨下达抗倭令，要求抵御海盗，原话是这样说的："奉天承运，皇帝诏曰：告诉百姓们，准备好刀子，这帮家伙来了，杀了再说。钦此。"如此简单粗暴的白话文，今天的小孩子也能听懂，毫无违和感。

到了清朝，白话文和今天基本无异。性情中人的雍正皇帝，给大臣写朱批的时候就时常冒出两句白话文，用这样的方式拉近与大臣的情感。比如：朕就是这样汉子，就是这样秉性，就是这样皇帝。他甚至还给大臣写过"你好么？"这样今人常用的口语。

尽管古人讲话也用白话文，但并不代表你穿越回去就能听懂。因为同样的白话文，古人的发音和今天不一样。关于此问题，下一篇会详细论述。

30
古人能听懂我们说话吗

前面讲过，古人日常说话也讲白话文。那穿越回古代，我们能不能和古人无障碍交流呢？答案是不能。因为古人即使讲白话文，其白话文的发音也是古汉语发音，和我们现代汉语发音大不相同。

根据古汉语学者的研究，历史上古代汉语的发音大致经过三个时期的变化，分别是上古音、中古音和近古音。上古音指从西周到汉朝的汉语发音；中古音指从南北朝到唐朝的汉语发音；近古音指从宋朝到清朝的汉语发音。（关于古汉语的发音分期，学界存在不同的观点，此处只采用这种较为广泛的说法。）

这三种发音之间的差距非常大，和现代汉语的发音更是天壤之别。比如说同样是"青青子衿"这句话，三个时期的古汉语发音分别是：

上古音（周朝、秦朝、汉朝）：cen cen cilumu kelumu

中古音（南北朝、隋朝、唐朝）：ceng ceng ci ginmu

近古音（宋朝、元朝、明朝、清朝初年）：cing cing zi gin

打开抖音App，
扫码收听王老师讲古汉语发音

听起来是不是有点蒙，有点像外语？为什么古汉语的发音会有这么大的变化？很重要的一个原因就是历史上北方游牧民族不断南迁，他们讲的胡语与中原汉语融合，导致了汉语发音发生了重大变化。有的语言学家认为，今天的闽南语、粤语、广东客家话和江浙吴语保留了一些古汉语的发音。原因就是最初的汉语使用者，在胡人入主中原的时候，不断地向南迁，衣冠南渡，把最初的古汉语的发音带到了南方，经过千百年的世事沧桑，至今还残存着一些。比如，古汉语发音中有个入声，在今天的普通话四个声调中已经没有了，但是在吴语粤语等方言里依然还有入声。今天的日语和韩语里也保留着一些古汉语发音的元素，所以南方人在学日语发音时会感到一丝亲切，学起来很顺口。

有的人会感到疑惑：古代又没有录音机，你是怎么知道古汉语发音的？其实用不着录音机，用拼音的方式就可以拼出古汉语的发音。古代没有今天的汉语拼音，却有一套类似拼音的文字注音体系，叫"反切法"。简单地说，就是用两个字为一个字注音。一般都会选择两个常用字来反切，前面的字取其声母，后面的字取其韵母和声调。比如山峰的峰，反切法注音为"房生切"，取"房"字的声母f，取"生"字的韵母eng和声调"一声"，反切出来就是fēng了。

中国人早在两千年前就使用反切法了，今天学者通过隋朝的《切韵》等韵书可以复推出中古音系，但上古音的复推比较麻烦，还要借助亲属语言（比如藏语）的发音规律。但这些都是复推，不可能和古人完全一致。

有的朋友还疑惑：今天用普通话读唐诗还是很押韵，怎么能说中古音和今天普通话发音不一样呢？这是因为中古音的韵母和今天的韵母变化没有太大，特别是平声韵（句尾押韵字为一声或二声）的唐诗，今天读起来依然押韵。但你若读上古音时代的《诗经》，你就会发现不怎么押韵了。

古汉语发音是个很有趣的问题，但要记住：如果想穿越回古代干大事，一定要选择好时代；否则，你穿回去可能连话都听不懂。穿越有风险，选择须谨慎！

31

中国方言的历史起源

汉语是汉文化的重要载体，汉文化的博大精深在汉语方言的复杂性上体现得淋漓尽致。汉语不同方言间的差异，甚至大过欧洲不同种语言间的差异。比如说，葡萄牙人和西班牙人各自用本国语言是可以彼此交流的，丹麦人、挪威人、瑞典人之间各自用本国语言交流也基本没多大障碍。但我作为一个东北人，听江西同事给家里打电话，基本上就像听外语一样，完全听不懂。好像最难懂的方言是温州话，传说抗战时期，抗日武装部队都会用温州人做情报员传递军情，因为不怕被偷听——听也听不懂。

按照现代通俗的分法，现代汉语可以整合划分成为七大方言，即官话、粤语、吴语、客家语、闽语、湘语和赣语。每一种方言下面又可分为若干片区（大片区也称次方言）。比如官话又分为北京官话、东北官话、冀鲁官话、胶辽官话、江淮官话、中原官话、兰银官话和西南官话等八大片区。其中，北京官话就是普通话的蓝本。同一方言的不同片区之间，差距有大有小。官话的不同片区间的差异就较小，互相之间是可以听懂的。比如我是一个讲东北官话的东北人，去大西北的陕西，能听懂陕西话，因为陕西话属于中原官话；我去大西南的四川，也能听懂四川话，因为四川话属于西南官话。官话之间，除了一些地方性的词汇外，彼此间都能听懂。但有的方言不同片区间的差异就非常大，差异最大的是闽语。比如说同属于福建的福州和厦门都讲闽语，但福州话属于闽东片区，厦门话属于闽南片区，彼此很难听懂。

方言形成的原因是比较复杂的。比如原住民语言的影响、时间流逝导致的自身变化和地理环境的阻隔等，但最重要的因素还是历史上移民导致的语言分化与聚合。比如，秦朝南伐百越，大量军人、官员移民两广，促成了粤语的形成。再比如，北方游牧民族内迁，导致了北方官话语音的变化。所以，每一种方言的形成都有它背后的历史原因。

有湖北宜昌的朋友就跟我说过，他们在外地说话总被认为是四川人。四川话是西南官话的代表，西南官话是云、贵、川、渝等地的方言，湖北也有一部分地区使用西南官话。为什么湖北人要讲四川话呢？其实大家弄反了，并不是湖北人讲四川话，而是四川人讲湖北话。今天的四川人大部分并不是古代巴蜀人的后代，而是湖北人的后代。明朝时就有大量湖北人移民四川，更大规模的移民则是发生在清朝初年。明末有个农民起义领袖叫张献忠，据说他小时候随父亲在四川贩枣，被当地人欺负过，所以对川人怀有深仇大恨。他起义造反后，就带着军队从陕西进入了四川，开始大肆屠杀。岷江以北的四川人，被张献忠杀了大半，十室九空。所以清初康熙年间，清廷将大量湖北、湖南民众迁去四川充实人口。因为清初两湖地区是湖广省，所以历史上又称此次事件为"湖广填四川"。当时的湖广人讲的是当地的江淮官话，所以移民到四川后就将江淮官话带到了四川，慢慢融合成了今天的西南官话。所以不是湖北话像四川话，而是四川话像湖北话。

四川地处大西南，而官话主要是在北方，为何四川话也属于官话呢？刚才说了，四川话来自于明朝的江淮官话，江淮官话的代表则是明朝初期首都所用的南京话。朱棣在靖难之役后将明朝首都从南京迁到了北京，同时将南京话带到了北京，慢慢形成了北方官话。所以，四川话和北方官话的源头之一都是明朝的南京话，二者都属于官话，四川也成为南方少有的讲官话的地区。只是经历了数百年的演变，四川话和北方官话听起来已有差异了，但两地的人彼此听懂是没有问题的。

再比如说，有的南京朋友去云南旅行，感觉云南一些地方的方言和南京话很像。这又是为什么呢？难道云南官话也来自南京？还真是！云南最早的原住民并不是汉族人，也不讲汉语。虽然从战国开始就有大量内地人移民云南，但始终未撼动云南原住民占大比例人口的地位。在语言上，新来的内地移民被当地人同化，慢慢地也就不怎么讲汉语了。这种情况一直持续到明朝初年，朱元璋为了巩固在云南的统治，向云南大量移民内地人口。移民来源主要有两类：第一类是军队，明朝在云南建立了很多卫、所，相当于军事驻屯区，所以不少军人和军属移民到了云南；另外一类移民就是南京人，朱元璋定都南京后，对南京人不放心，认为他们"政治不合格"，所以就强行将大量南京人移民到云南。今天很多云南人的家谱上就会写着，其祖上来自南京。明朝学者顾炎武就说："初明太祖之下金陵也，患反侧，尽迁其民于云南。"明朝的移民政策改变了云南的人口构成，来自内地的汉族移民开始成为云南人口的主体。大家都是移民过来的，若各自用原来的方言彼此就没法交流了，而南京话使用人数众多，又有政治地位，所以大家就逐渐都用南京话了。到了清朝，又有许多四川和湖广的移民进入云南，新旧移民融合在一起，在南京话的基础上慢慢形成了今天的云南话。明朝的南京话，其地位就是那个时代的普通话，也是云南话的源头。所以，今天南京人听云南话会倍感亲切，毕竟五百年前都是近亲。

有的朋友会产生好奇：中国这么多方言，古代又不能像今天这样大力推广普通话，那来自不同地区的人交流时岂不是得用翻译？是的，的确有用翻译的，特别是在对普通话一窍不通的闽语地区福建。文献记载：清朝时有个叫朱潮远的官员到福建办理一个案子，堂审的时候身边就得有翻译在场，否则真听不懂闽语。一国之内，不同地区的人得用翻译才能听懂对方说话，中华文化的确是太博大精深了！

32

古人如何取名字

　　一说到古人的名字，很多人都会蒙。尤其是在《三国演义》里，人物之间一会儿称其名，一会儿呼其字。古人的姓、氏、名、字、号都有什么区别？称呼的时候又该注意什么呢？接下来我们就详细讲讲。

　　今天我们说的姓氏，在古代其实是两样东西，一个是姓，一个是氏。最先有的是姓，《通鉴外纪》解释说："姓者，统其祖考之所出。"意思是说：姓是为了统一大家共同的祖宗而创立，实质上就是一个部落族群的族号。原始社会就已经有代表族号的姓了，一般取之于地名。早期人类都会住在河边，所以多用江河名为姓。比如说黄帝姓姬，是因为住在姬水附近。炎帝姓姜，是因为住在姜水附近。

　　另外，原始社会早期是母系氏族社会，在当时的婚姻制度下，孩子只知道母亲是谁，不知道父亲是谁。所以，最古老的姓里面都带有女字旁或女字底，上古八大姓"姬、姜、姒、嬴、妘、姚、姞"皆是如此。姓代表一个人的血统，所以同姓的人是不能通婚的。

到了父系氏族社会后，生产力水平提高，人口迅速增加。这时，原始部落无法承载所有人口，有的人就从部落分出去独立门户。为了给子孙后代区别独立出来的家门，就产生了氏。《通鉴外纪》解释道："氏者，别其子孙之所自分。"意思是说：氏是为了让子孙后代有各自的区别而创立，实质上是一个支脉的徽号。那时能独立门户出去的，多是部落里有实力的人物，所以有氏的，一般都是贵族，否则也不好意思给子孙后代起表家门的氏。平民和女人是没有氏的，他们只有姓。我们可以这样简单理解：一个老祖宗的所有子孙都有一个共同的姓，哪个孙子发达了就出去自立家门，为了和穷亲戚们"划清界限"，可以再给自己创个氏。

先秦时的贵族男子，一般只称氏而不称姓。因为姓是一个血统共用的，高低人等都有，而氏更能体现其高贵身份。在《史记》中，司马迁称秦始皇为赵政，很少称其嬴政，因为嬴是他的姓，而赵是他的氏。司马迁的称法，较符合当时的真实情况。嬴政为啥以赵为氏呢？因为秦始皇当年在赵国出生，故以赵为氏。

到了秦汉时期，基本没人用姓了，所以姓与氏也不再区分了。今天我们说的姓氏，绝大多数情况仅是最初的氏，而并不含姓。

今天我们说的名字，在古代也是两样东西，一个是名，一个是字，其区别在于"幼名冠字"。所谓"幼名"，意思是说名是幼年用的，一般是孩子出生三个月后，长辈给取名。所谓"冠字"，意思是说字是成年后才有的。冠在古代是成年的意思，古代男子20岁行冠礼，民间也有15岁行冠礼的，行了冠礼就代表这个人成年了。成年了就得取个供平辈和晚辈叫的称号，这就是字。

古人都有名和字，一般来说，名和字的含义是相互呼应关联的，或者说字的含义可以用来解释名。比如诸葛亮，字孔明，亮和孔明意思接近。周瑜，字公瑾，瑜和瑾都是美玉。古人称呼名和字是非常有讲究的，除了长辈，别人都只称你的字。《岳阳楼记》里，范仲淹写的是"滕子京谪守巴陵郡"，子京就是字，他的原名是宗谅。平辈之间直呼名字是非常无礼的行为，所以古人骂人时才会"指名道姓"。即便是君主或上级，也不会贸然称臣下的名，除非是想表达不满。但臣下自称的时候，一般会用自己的名，表示恭敬和谦卑。所以，诸葛亮在《出师表》中的第一句就是"臣亮言"，而不是"臣孔明言"，这就是自称名以表示恭敬。

至于号，则是人的外号，大多是文人给自己取的雅号。"东坡居士"就是苏轼的号，所以世人也称其为苏东坡。有时候号被使用习惯了，人们都忘记了他原有的名字，比如郑板桥，板桥就是号，燮才是名，今人只知道郑板桥，而不知郑燮。人们通常根据自己居住地的特征取自己的号，比如苏轼号东坡居士，估计他家东面有山坡。陶渊明号五柳先生，因为他家门前有五棵柳树。

至于欧阳修号六一居士，并不是因为爱过六一儿童节，而是代表"藏书一万卷，集录三代以来金石遗文一千卷，有琴一张，有棋一局，而常置酒一壶"，再加上欧阳修本人，合为"六一"，是为"六一居士"。

所谓纪年方法，是指人们计算年份的方法。古人很早就意识到日子不能稀里糊涂过，特别是年份，要有先行后续的概念，以便我们"知远近、较长短"，于是各种纪年方法就应运而生。纪年的关键，在于确定一个起始年份，然后累计。古代中国是纪年方法最丰富的国家，那么都有哪些纪年方法呢？

比较早的是"王位纪年法"，即以君主即位那年为纪年起始，累计纪年，又叫君王即位年次纪年法。这种纪年方法多见于周朝，周王室以周王即位年次纪年，各诸侯国也用自己君主的即位年次纪年。比如《左传》中的曹刿论战篇，开头第一句就是"十年春，齐师伐我"，这里的"十年"指的是鲁庄公十年。《左传》是一部为《春秋》作注解的史书，而《春秋》是鲁国的史书，所以《左传》里的纪年都是以鲁国君主的即位年次纪年的。

中国历史上最早有明确记载的纪年年份是"共和元年"，这就是一个王位纪年法。共和元年是公元前841年，那一年周厉王因统治无道被赶下了台，共伯和摄政，代行天子事，于是那一年就纪年为"共和元年"。王位纪年法第一次被记载，居然是一个君主被赶下台的年份，这实在颇具讽刺意味。从共和元年起，中国历史的记载就从来没有中断过了，尽管纪年方法有很多种，但历史一年接着一年地被记载下来，直到今天。近三千年的历史记载，一年也未中断，这是我们中华文明的骄傲！

古代最常用的纪年方法是"皇帝年号纪年法"。它与王位纪年法的区别在于：每个皇帝都有一个专门用于纪年的年号，以年号启用那年为开始，累计纪年。这种纪年方法始于汉武帝建元元年，即公元前140年。开始的时候，一个皇帝在位期间并非只有一个年号，用几年可能就换一个年号，这叫"改元"。老皇帝死了，新皇帝即位，又会启用新的年号，但这不叫"改元"，而叫"建元"。古代发生重大意义的事件时就会改元，以示纪念。比如汉武帝的"元狩"年号，是因为汉武帝在狩猎时获得了一只珍奇异兽，所以改元。卫青和霍去病北击匈奴大获全胜，这件事就发生在元狩四年，即公元前119年。

汉武帝在位55年，共使用了11个年号，其年号数量在历史上排第三。排第一的是女皇帝武则天，她在位21年，共使用了18个年号。生活在武则天时代的人，真心不容易，有可能活着活着就忘记自己生活

在哪一年。明清两朝的皇帝，多是一人一个年号，所以后世多以年号
称呼皇帝，比如永乐皇帝、康熙皇帝等。年号的使用，还代表着正统
与归化。清朝康熙年间，江南文人编纂"明史"，书中有些地方不用
清朝年号而用了明朝年号，康熙皇帝因此震怒，处决了七十多人。

年号纪年法对东亚文化圈内其他国家的影响也很大，古代的
朝鲜、日本、越南也有自己的年号纪年。从唐朝开始，日本学习了
中国的年号制度，至今沿用了一千多年，共使用了247个年号。本
书出版的2019年，也是日本天皇年号的平成三十一年。日本选年号
多从中国古典文献找出处，最爱用的是《尚书》和《周易》。就在
王老师写这本书期间，日本公布了即将即位的新天皇的年号"令
和"，这个年号打破了一千多年来从中国古典文献找出处的习惯，
是第一个从日本古典文献《万叶集》找出来的年号。

今天我们中国仍在使用一种古代纪年法——"干支纪年法"。干
支纪年法是利用"十天干"和"十二地支"的排列组合来排序纪年，又
名"天干地支纪年"。相传，天干和地支创立于黄帝时，最初用于祭祀
与占卜。天干地支纪年使用的时候，先用第一个天干与第一个地支组合
为第一个天干地支纪年，再用第二个天干与第二个地支组合为第二个天
干地支纪年，以此顺次排列。当天干顺次排完十次后，则再用第一个天
干与第十一个地支组合。以此类推进行排列组合。天干有10个，地
支有12个，10与12的最小公倍数是60，所以每60年天干地支就会轮
回一遍。因为每个轮回中的第一个年份都是甲子年，所以古代又将

60年称为一"甲子"。

1	2	3	4	5	6	7	8	9	10
jiǎ	yǐ	bǐng	dīng	wù	jǐ	gēng	xīn	rén	guǐ
甲	乙	丙	丁	戊	己	庚	辛	壬	癸

△ 十天干

1	2	3	4	5	6	7	8	9	10	11	12
zǐ	chǒu	yín	mǎo	chén	sì	wǔ	wèi	shēn	yǒu	xū	hài
子	丑	寅	卯	辰	巳	午	未	申	酉	戌	亥

△ 十二地支

　　古人在记录历史大事件时，有的会以年号命名。比如北宋范仲淹的庆历新政，庆历就是宋仁宗的年号。岳飞《满江红》里写的"靖康耻"，靖康就是北宋最后一个皇帝宋钦宗的年号。用年号纪年的好处是可以迅速知道大致时间段，但确定不了具体时间点。而干支纪年能够确定时间点，所以很多大事件都以干支纪年命名。比如甲午战争，甲午年是1894年；戊戌变法，戊戌年是1898年。但干支纪年60年一轮回，对于时间久远的事，就可能会弄混。所以古人也会将年号纪年与干支纪年组合使用，年号在前，干支在后，这样纪年就能更加准确无误。比如《核舟记》中的"天启壬戌秋日"就是这种组合纪年法。

　　古代其实还有一种"大事件纪年法"，以大人物出生的年份或大事件发生的年份为纪年起始。比如黄帝纪年，即以黄帝创制历法那年为纪年元年。辛亥革命时，就曾以公元前2698年为黄帝纪年元年，使用了一段时间的黄帝纪年，随后被公元纪年取代。民国时期还用过民国纪年，就是以民国建立那年为元年，这也属大事件纪年法的一种。今天的中国台湾地区依然使用民国纪年，与公元纪年并用。

因为这个纪年方法的问题，王老师还闹过一个笑话。当年读大学时，我接待过一个台湾大学生夏令营。接待时发现其中有一美女，遂暗中观察，发现她佩戴的名牌上写着出生年份为"76年"，我以为是1976年，当时就蒙了——难道她是老师？一问才知道，此"76年"为台湾地区的"民国七十六年"，也就是1987年。

纪年方法的演变，体现了历史与文化的变迁，也体现着文明的传承。然而，近年听说有人提议要恢复中国传统纪年方法，更有甚者主张停用公元纪年，美其名曰是为了弘扬传统文化，增强文化自信。但我觉得这种形式主义要不得。已经进入历史的东西，我们尊敬与研究是对的，但真要把作古的东西从历史尘埃里扒拉出来接着用，那就有点哗众取宠了。

34
元旦与阴历、阳历的起源

"元"，意为开始、第一。"旦"，意为早晨。元旦，就是新年第一天的意思。元旦作为节日，在我国有三千多年的历史了，只是最初不叫元旦，而叫元正、元日、元辰等。"元旦"第一次出现是在唐朝。但是古代的元旦和今天的元旦并不是同一天，因为古代的历法与今天不同。

中国古代使用农历，今天一般也称为阴历。这种称法并不严谨，确切地说，农历不是阴历，而是"阴阳历"。阴历是以月亮绕地球的运行周期为基础制定的历法。月亮一个阴晴圆缺周期是一个月，又叫朔望月。一个朔望月的精确时间为29日12小时44分2.8秒。阴历将12个朔望月定为一年，所以阴历一年是354天多一点。阳历则是以地球绕太阳的运行周期为基础制定的历法，所以又叫太阳历。地球公转一周即一个春夏秋冬轮回是一年，又叫一个回归年。一个回归年的精确时间为365天6时9分10秒。阳历将一年划分成12个月，大月31天，小月30天，2月28天。

简单说，阴历以月亮为参照，先有月，后有年；阳历以太阳为参照，先有年，后有月。用阴历可以看月亮的阴晴圆缺，用阳历可以看季节的春夏秋冬。早期人类文明大多采用阴历，比如古埃及、古巴比伦、古印度、古希腊、古罗马。因为月亮比较容易观测，30天左右就能观测一个轮回。不像太阳，365天才能观测一个轮回。心疼古代那些阳历的制定者，一年不用干别的，就观测太阳了。

中国古代最初也用阴历。但阴历有一个问题：12个朔望月是354天，比一个回归年的365天少了11天。这样的话，每过一个阴历年，时间就会提前11天。月份就会越来越提前，和季节对应不上。不过这难不倒聪明的中国古人，他们将阴历与阳历相结合——用朔望月来确定月，也用回归年确定年，二者差的天数通过设置闰月的方式补齐。比如说我们用农历时会出现"闰四月"的情况，就是过完了四月又再过一个闰四月。这个临时加入的闰四月，就是为了凑齐阴历与阳历差的天数。

中国古代的各种传统历法都属于农历的范畴，其原理基本一致。但是，古代我们并不称这些历法为农历。直到20世纪60年代，"农历"的名称才出现，因其历史上长期指导农业生产而得名。农历结合了阴历和阳历的优点，实际上是一种阴阳合历。历朝历代有很多版本的农历，现行农历是沿用了清朝的《西洋新法历书》，它是四百多年前的欧洲耶稣会传教士汤若望和中国天主教徒合力编撰的。

中国古代的元旦就是按照农历确定的，农历新年第一天为元旦。秦朝时的农历，以十月定为一年首月，所以十月初一是元旦。汉武帝时，使用新的农历，将正月定为首月，正月初一就是元旦。此后的二千年，我们的元旦实际上就是农历的大年初一。

1912年中华民国建立后改用公历，公历1月1日成为元旦，沿用至今。公历是西方历法，由罗马教皇于1582年颁行，所以又叫西历或西元。周杰伦有首歌叫《爱在西元前》，就是"爱在公元前"的意思。公历是阳历的一种，纪年方式上以耶稣诞生那年为元年，累计计算。耶稣诞生前就是公元前。今年是2019年，就是耶稣诞生后的第2019年。

因为公历是西方历法，所以公历与中国传统的生肖不挂钩。有的朋友今年元旦发祝福说猪年快乐，那真是日子过糊涂了。习惯上，我们把农历的大年初一看作生肖年的开始。但是严格从历法的角度讲，生肖应该与天干地支的二十四节气挂钩，立春才是一个生肖年的正确开始。

前两篇讲了古人计算年份的纪年法和年月日的历法。那在一天之中，古人又是如何看时间的呢？

在钟表还没有普及前，古人是通过钟鼓楼来知晓时间的。早在汉朝，我国就有了钟鼓楼报时制度。早期的钟鼓楼设在皇宫内，只为皇家服务。唐朝的钟鼓楼，早晨敲钟报时，晚上敲鼓报时，"晨钟暮鼓"的说法就是这么来的。

唐朝长安城实行夜禁制度，晚上不许出来瞎逛了。所以主要街道上都设立了街鼓，跟随着钟鼓楼报时，以便全城都能知道夜禁的开始。暮鼓敲完，所有人都不许出来上主街了，否则就会挨揍。所以如果你穿越回唐朝，一定要赶在白天，否则你小命不保。这不是危言耸听，唐朝真的有因为喝醉酒犯夜禁而被杖杀的例子。

如果穿越回了宋朝，就不用担心了，因为宋朝没有夜禁。宋代的城市生活空前繁荣，宋人多是夜猫子。夜猫子们夜晚也需要知道春宵几何，所以晚上也得报时。宋代夜晚负责报时工作的，一般是寺院的僧人，他们拿着铁牌子或木鱼沿街报时。古人将夜晚分为五更，每更一报时，所以报时又叫"打更"。这些僧人在天亮时还要兼职天气预报员，顺便报一下当天的天气，非常贴心。

元明清三朝，不光都城设立钟鼓楼，其他大城市也有钟鼓楼。今天西安的钟鼓楼，很多人以为是盛唐时留下的，其实那是明朝时建造的。

那钟鼓楼又是如何测算出时间的呢？古人最早通过观测太阳来测时的，三千多年前的周朝发明了测时仪器"日晷"，利用太阳照

△ 日晷

△ 铜壶滴漏（中国国家博物馆收藏）

出影子的长短和方向来测算时间。古人把时间称为光阴，所谓一寸光阴原意就是日晷上一寸影子的意思。日晷把一昼夜划分为12个时辰，一个时辰是两小时。日晷最小的刻度合今天15分钟，所以古人管15分钟叫一刻或一刻钟。在古代，一天是12个时辰，一个时辰是八刻钟。

子时	丑时	寅时	卯时	辰时	巳时
23:00–00:59	01:00–02:59	03:00–04:59	05:00–06:59	07:00–08:59	09:00–10:59
午时	未时	申时	酉时	戌时	亥时
11:00–12:59	13:00–14:59	15:00–16:59	17:00–18:59	19:00–20:59	21:00–22:59

△ 二十四小时和十二时辰对照表

日晷在阴天和晚上就没用了，所以古人又发明了不受天气影响的计时器——漏刻。漏刻是往铜壶里装入一定量的水，让它慢慢漏出，通过漏出水的量来确定时间，又叫"铜壶滴漏"。早期的漏刻有一个严重缺陷，由于水位高低不同导致的压力差，会出现"水位高时漏得快，水位低时漏得慢"的现象，这样计算的时间就会有较大误差。到了东汉，科学家张衡改进了漏刻，将其设计成二级漏壶，即增加一个漏壶，让水的高度变小，流得更匀速，减小了时间计算的误差。后世沿用了这种方法，在宋元时期还出现了更为精确的四级漏壶。

古代还有种更简便的计时工具——燃香。所谓"一炷香的工夫"就是这么来的。古代有专门用来计时的燃香，称为"更香"，更的原意即时间的刻度。更香用燃烧速度均匀的木料制成，有的更香上还嵌有金属珠，燃烧到固定时间时金属珠会掉落，用以提醒时间。宋代时，这种更香随着宋代的商船远行海外，其准确程度让外国人叹为观止。李约瑟在《中国科学技术史》中评价更香说："吾人从未见其有大差误，此发明可代自鸣钟。"的确，在那个西洋钟表价值连城的年月里，更香的价格的确更亲民，更接地气。明朝时，一盘更香只需3文钱，可用一昼夜。

燃香计时是佛教传入我国后才有的。还有很多时间量词也与佛教有关。比如一弹指，合今天7.2秒；还有一瞬，合0.36秒；最快的是一念，合今天0.018秒。"就在这一瞬间，才发现，失去了你的容颜"——0.36秒就会失去，的确是太快了。

明朝中叶后，西洋钟表作为礼物和商品进入中国。1601年，意大利传教士利玛窦将自鸣钟送给万历皇帝，钟表进入中国古代宫廷。到了清朝，上层贵族和官方已经普遍使用钟表作为计时工具了。

36

中秋节与月饼的起源

中秋节与春节、清明、端午同为当今中国四大传统节日。在历史上，中秋节形成的时间最晚，而且其形成过程还受到了外国非常大的影响。这个外国不是远邦，而是近邻韩国，那时候叫作新罗。从某种角度讲，中秋节在最初诞生的时候，是不折不扣的"洋节"。

学者考证，唐朝之前中国并无中秋节。唐朝时，文人墨客喜欢在八月十五这一天赏月吟诗，因为这天的月亮格外圆又亮。慢慢就形成了八月十五赏月的传统，但并未形成节日。唐朝境内有很多新罗留学生和侨民，他们在八月十五有节庆的传统，以纪念历史上这一天曾取得过对外战争的胜利。唐朝文化包容开放，唐朝人很爱过洋节，受到新罗人的影响，就将赏月传统和新罗的节庆相结合，形成了八月十五过节的传统。唐朝文化上的伟大，不仅体现在影响了周边国家，也体现在吸收了许多外来文化。"放"和"收"是唐朝文化的姿态，既能对外输出，又能吸收外来。

到了宋朝，中秋节已经完全中国化了，风俗习惯已与新罗迥异，成为中国的传统节日。听到这里，有的朋友可能不太高兴了，凭什么说我们的中秋节起源于韩国？韩国已经抢了端午节，难道还要把中秋节送给他们吗？莫急，其实韩国在端午节申遗的时候，已经在申请文本开篇申明：端午节原本是中国的节日，传到韩国已经有一千五百多年了。其实，我们真的没必要在这个问题上小肚鸡肠，同属于中华文化圈，他们受中国文化影响了两三千年，直到今日依旧喜欢来自中国的元素，这恰恰说明了古代中国文化的影响力很大。此外，韩国、日本等国保留了中国文化的诸多传统和样式，实际上是在帮我们传承古风。我们不光不该生气，还应感到自豪。

后来，中国人有了中秋节吃月饼的习惯。至于为何要在中秋节吃月饼，说法众多，在此给大家介绍一个比较流行的说法。相传元朝末年，民众不满当朝的统治，纷纷起义。朱元璋的军师刘伯温建议，在八月十五中秋这一天号召民众起事，通知的办法就是挨家挨户赠送圆饼子，称之为月饼。饼里面都塞了纸条，写着：八月十五杀鞑子。鞑子指的就是以蒙古族人为首的当朝统治者，反元起义就这样开始了。月饼就是这样起源的。可是经学者考证，"月饼"最晚在南宋就已出现，与杀鞑子没有关系，这只是个传说。

37

"七尺男儿"到底多高

在古代文学作品或者历史剧中，形容古代男子身高时常会说"堂堂七尺男儿"。今天的一尺约等于33厘米，算下来"七尺男儿"身高得两米三！还有更夸张的，史书记载项羽身高八尺，合今天两米六。吕布身高九尺，合今天三米。最恐怖的是孔子，史书记载其身高是九尺六寸。如果真是这样，孔子恐怕是巨人症了！

难道古人真的那么高？难道是现代人越活越矮了？想想也不大可能——在影响身高的后天因素中，最重要的是饮食营养。而现代的生活条件比古代好太多了，身高怎么会"今不如昔"？

其实古代的"七尺男儿"并没有那么高，问题是出在了古代一尺的长度和今天是不一样的。我国古代的长度标准在历朝历代都有变化。根据学者考证：秦代一尺是23.1厘米，汉代一尺是23厘米~23.6厘米，隋唐一尺在30厘米左右，宋代的一尺才超过30厘米。

这样算下来，项羽的身高应该是一米八五，算是比较高的，这样的身高在今天也不少。吕布的身高是两米出头，这个确实非常高了，但跟姚明比还逊色一些。再来算算有"巨人症"的孔子的身高，现代出土的春秋时鲁国尺，一尺大约20.5厘米，那么孔子的身高应该是一米九六。这么看，孔子的确是一个高大帅气的老师！今天很多地方都有孔子的雕塑，有的孔子像被塑得很高，这的确比较符合历史事实。

"七尺男儿"的形象至少在战国时代就有了。《荀子》劝学篇就说："口耳之间，则四寸耳，曷足以美七尺之躯哉？"如果按照与战国相近的秦尺标准计算，七尺男儿身高也就是一米六多一些！今天的墓葬考古也证明了这一身高。根据秦汉时期的墓葬考古，当时的男性平均身高是1.68米，女性平均身高是1.52米。看来和我们的推测比较吻合。

现在我国的"七尺男儿"有多高呢？2015年国务院新闻办发布的《中国居民营养与慢性病状况报告》显示：中国成年男性平均身高167.1厘米，女性155.8厘米。怎么过了两千年中国人没长高啊？

首先，现在的成年人平均身高统计时是包括老年人的。这些老年人大部分是在1949年前后出生的，经过了大饥荒和物资匮乏的年代，小时候吃得不好，营养跟不上，所以影响了身高，拉低了当今的平均身高。另外，全国平均身高不具有全国普遍性，我国身高还存在南北方的地域差异。平均身高比较高的东北人、山东人要比平均身高比较低的四川人重庆人高出七八厘米。另外，前面提到的考古测量出平均身高1.68米，是古代西北人的情况。而今日西北人普遍较高。今天陕西的平均身高能达到1.72米左右，比两千多年前还是高了一些的。

有的朋友会拿兵马俑的身高质疑我的说法。的确，参观兵马俑博物馆时解说都会夸耀兵马俑身高都是1.85米以上，在兵马俑坑里看起来也的确很高。但是，兵马俑都是带底座的，底座有十多厘米高。除去底座净量的话，兵马俑的实际身高多在170厘米~181.5厘米之间。这个身高比前面计算出的一米六高了许多，因为兵马俑的原型是军人，而且还是皇帝身边的禁卫军，当然要选大高个儿了。因此，兵马俑的身高是不能代表当时的普遍情况的。

所以你要自信，只要有一米七的身高，回到古代至少能是个七尺半男儿！

38

"学富五车"到底有多厉害

　　古人常用成语"学富五车"来形容一个人学问渊博。这个成语源自《庄子》一书，说的是战国时的政治家惠施的故事。《庄子》的原文是："惠施多方，其书五车。"很多朋友将这句话理解为他读过五车书，的确很厉害！那古代的五车书到底有多少呢？咱们就来算算。

　　"学富五车"中的五车书，和我们今天的书是不一样的。今天的书是纸版书，是东汉之后才有的。尽管东汉的蔡伦改进了造纸术，但东汉并未普及纸版书。直到魏晋时期，因为佛教的传播需要大量佛经，廉价方便的纸版书才在我国普及开来。那在"学富五车"的先秦时期，书是用什么材料写的呢？答案是简牍。

　　简和牍是两样东西，区别主要体现在宽度上，简细长，牍则更宽。在制作材料上，两者大体都用竹或木。一般简多用竹，牍多用木，所以又称"竹简"和"木牍"。

△ 木牍（长沙简牍博物馆收藏）

△ 竹简

竹简在商朝就出现了，后来在战国时期被广泛使用，一直用到汉朝。竹简的制作方法很复杂。首先得选用上等的青竹裁切成适合的大小和长度。竹简的宽度在0.5厘米到1厘米之间，长度则根据书写内容而固定。如写诏书律令的竹简长三尺（约67.5厘米），抄写经书的长二尺四寸（约56厘米）。民间写书信的竹简一般长一尺左右（约23厘米），字数少的书信用一块木牍就够了，也是一尺长，因此古代又称信件为"尺牍"。裁切后的竹片要拿到火上烤，一方面是为了减轻竹简的重量，还有一方面是为了干燥后防霉防蛀。烘烤之时，本来新鲜湿润的青竹片，被烤得冒出水珠来，就像出汗一样，所以这道程序叫"汗青"，也称"杀青"。今天电影拍摄完成时也称"杀青"，这种叫法就是源于竹简的制作工序。杀青后，就可以在竹片上写字了。如果写字时写错了，就用小刀将错字刮掉后重写，以避免一整片竹简的废弃。这种刮错字用的刀叫"书刀"，是古代文人常用的文化用品。竹片写完了，再在竹片上打孔穿绳，将若干片竹简联接在一起，这就是一册竹简了。

牍大多用木片制成，汉代多以胡杨和红柳作为原材料。牍比简宽许多，能达到6厘米左右，个别的达15厘米以上。单片牍比单片简能承载更多的文字量，所以牍多单片使用，不用联结成册。牍呈长方形，故又叫作"方"或"版"。牍也用来画地图，这就是后世将国家疆域称为"版图"的由来。

"学富五车"时代的书是竹简，其重量和今天的纸版书不可同日而语。《汉书》记载：汉武帝时，有个叫东方朔的人，博览群书，给汉武帝写自荐信，用了3000片竹简，需要两个人抬着才能运到宫殿。一片竹简能写30多个字，3000片竹简就是10万字左右，与您正在读的这本书字数相当，这就足以看出竹简之重。

那五车竹简有多重呢？台湾历史学者邢义田先生曾考证过，东方朔上书用的竹简重量可达12公斤多。我们计算一下，3000片竹简能写10万字左右，能达到12公斤多，平均算下来每公斤竹简有8000字。古代马车的载重量一般可达200公斤，五车竹简就是1000公斤，算下来大概有800万字。

800万字是什么概念呢？以人民出版社版本的四大名著为例，《红楼梦》约107.5万字，《三国演义》约72.6万字，《水浒传》约92.5万字，《西游记》约83万字，加起来大约355万字。"学富五车"的读书量，大概就是四大名著总字数的两倍。这个水平，今天的中学生基本就能达到。

然而我们是否可以藐视古人而自称"学富十车"呢？恐怕不可以。首先，古代的文章用文言体，其信息量远远多于白话文。其次，古人读的都是学术著作，四大名著那是白话小说，难度上也不在一个水准。另外，"学富五车"这一成语的本意不是"读"了五车书，而是有五车书的著作，是"写"了五车书的意思！以王老师目前日夜赶稿的速度，穿越回古代，也只能算是"学富五筐"！

本篇我们以清朝著名的杨乃武小白菜案为例，讲讲古代审案的那些事。

杨乃武小白菜案是晚清四大奇案之一，发生在同治年间。主人公杨乃武生活在浙江省余杭县，举人出身，家庭富裕。杨乃武家有空闲房子，出租了一间给小白菜（本名毕秀姑）及其丈夫居住。这样两家就成了邻居，关系相处得也还不错，空闲时候杨乃武还教小白菜写字。杨乃武比小白菜大15岁，也没啥太多的想法，但是邻居看见两人总在一起出双入对，就开始议论纷纷。古往今来，人们就爱八卦男女之间的事，没有"事"的都会传出"事"来。后来，小白菜和丈夫受不了流言蜚语，就搬家了。可是搬家没多久，小白菜的丈夫就病死了。由于尸体鼻口流血，小白菜的婆婆就认为是小白菜毒死了自己的儿子，将小白菜告到了县衙。司法程序正式开始。

今天司法审判归法院负责，古代则不同，很多官员都有权审案。清朝时，县是最基层的行政单位。县里最高的审判长官是知县，就是我们俗称的"县太爷"，其"掌一县治理，决讼断辟"。拿到今天，就相当于县长管审案。知县的断案能力是良莠不齐的，杨乃武小白菜案赶上个年过七旬的知县叫刘锡彤，估计已经老糊涂了。刘知县接到报案后带着仵作就去验尸了。仵作相当于今天的法医，仵作验尸时都会参照宋朝人宋慈写的一本名为《洗冤录》的书，这可是古代法医界的《圣经》。《洗冤录》中，关于砒霜中毒的情况有专门的检验方法："用银针，刺死者的喉咙，如果拿出来以后银针变暗，就有可能是砒霜中毒致死。"仵作照此做了，发现银针的确变黑了，于是便断定小白菜的丈夫中毒。但是在宋慈的《洗冤录》中还有后续的确认程序："用银针探喉以后，还需要用皂角水将银针洗一下，如果黑色能被洗掉，银针重新恢复光泽，那就不是真中毒。"这一验证标准叫作"青黑不去"。一心想定案的刘知县和仵作没有进行后续验证，因为刘知县之前也听传闻说过杨乃武与小白菜有"奸情"，潜意识里就认定是杨乃武和小白菜合谋杀死了小白菜亲夫，验尸时就没有太较真。

接下来就是堂审。为了获得认罪口供，刘知县对小白菜用了刑。古代刑事审判主要有三种方法：口供、五听和刑讯。"口供"就是让你自己叙述罪行，在古代审判中的地位最为重要。在嫌疑人陈述口供时，审案者还要进行"五听"，就是根据你的言辞、面色、气息、听觉、眼神来判断你是否撒谎。这个有点类似今天的测谎，尽管有一定的参考价值，但用来作最终判断则是很不科学的。

如果前两招用了，对方还不肯认罪，那只能放大招了，就是刑讯逼供。在古代，刑讯逼供是合法的，但也有一定的使用限制。唐朝时曾规定，刑讯不得超过三次，打的次数不得超过两百下。如果达到了法定的刑讯次数嫌疑人仍不肯招认，就认为这个人可能真的是被冤枉了，嫌疑人便可以取保。刘知县庭审时对小白菜用了刑，却没对杨乃武用刑。因为杨乃武是举人，按照法律，有功名在身的人是不可以用刑的。

我们看电视剧里古代的审案现场，官员在下令用刑时都会从案子上的签筒中取出一根签扔在地上。明清审案时，主审官的公案上有四个签筒，签分别写有"执、法、严、明"四个字加以区别。"执"字筒内放的是捉人的签子，相当于现在的逮捕证。其他三个筒分别放着白、黑、红三种颜色的签子，白签每签打一板，黑签每签打五板，红签每签打十板。这种扔签下令的传统，体现的是古代司法"刑以兵威"的精神。主审官以堂签下令，和战场上将军以令箭、令牌发号施令是一个意思。扔令签的时候一定要掷地有声，目的是吓唬嫌疑人。不仅扔令签要声音大，使用刑具时还要往地上用力摔，必须啪啪作响，希望这样能把嫌疑人吓住，直接招供认罪是最好的。

小白菜受不了刑讯逼供，最后就违心承认了自己与杨乃武通奸并毒杀了自己的丈夫。古代这种靠刑讯逼供搞出的冤假错案数不胜数。尽管杨乃武拒不承认，但刘知县依然是草草结案，并把案件上报给其上级领导杭州知府。知府相当于今天的市长，掌握一个府的最高审判权。当时的杭州知府是陈鲁，陈知府接案后对该案进行了"复审"，复审相当于今天的二审。复审时，杨乃武的举人功名已经被朝廷革除，这样就可以大大方方对其用刑了。一番刑讯逼供后，杨乃武也承认了自己并不存在的罪行。最终，杨乃武被判斩立决，小白菜被判凌迟处死。在古代，女子通奸并谋杀亲夫是非常严重的犯罪行为，很多都会被凌迟处死。越是保守落后的时代，对通奸这种事处罚就越严重，毕竟太"伤风败俗"了。杨乃武和小白菜复审也都被判了死刑，那他们会像电视剧里演的那样，判决后就直接拉出去行刑吗？没有那么草率。死刑还需要秋审通过后才能行刑。

清朝的秋审有两个环节：一个是地方秋审，相当于今天省高院终审判决；另一个是中央秋审，相当于今天的最高法的死刑复核。地方秋审时，判处死刑的案件要上报省里，省督抚会同布政使、按察使进行复审。相当于今天的省委书记、省长、主管司法的副省长三人共同会审，审判结果为终审判决。地方秋审结果可能有四种，分别为"实、缓、矜、留"。意思分别是：案情属实，量刑合理，维持死刑；案情属实，量刑过重，减刑不杀；案情存疑，发回重审；案情属实，量刑合理，但嫌疑人为家中唯一男丁且父母尚在，免去死罪。这最后一种情形叫作"留养承祀"，现实操作中一般不用。

地方秋审后仍然维持死刑判决的，要报送到朝廷进行中央秋审。中央秋审时，先是由刑部和内阁大学士等副国级高官会审，拟定出意见，最后交由皇帝亲自裁决。皇帝认为可以执行死刑的就批准，这一最终裁决叫作"勾决"。勾决之后的犯人很快就会被执行死刑了。清朝的中央秋审一般在农历八月，时值秋季，所以随后的执行死刑又叫"秋后问斩"。从汉代开始，中国就有秋冬季执行死刑的规定。古人认为凡事都该顺应天时，秋冬是万物肃杀的季节，因此是执行死刑的"好日子"。

咱们继续说回杨乃武和小白菜，二人在复审死刑后，一只脚就已经迈进了鬼门关。但就在等待秋审的过程中，杨乃武的家人进京告了御状，相当于今天的进京上访。我们看电视剧里的告御状大部分都是告到皇帝或者宰相那里，但在现实中不太可能，哪有那么容易让你见到皇帝或宰相？一般告御状都是告到都察院、刑部或步兵统领衙门（俗称九门提督），分别相当于今天的中央纪委、司法部、公安部。杨乃武的家人将御状告到了都察院。

此时，上海的《申报》连续报道了杨乃武小白菜案，就像上了今天的微博热搜一样，引发了舆论的高度关注。这也惊动了两宫太后，那时候掌握国家实权的是慈禧太后。在慈禧太后的直接干预下，此案最后交由刑部重审，刑部尚书桑春荣亲审此案，相当于今天的最高法院院长亲自挂帅审案。重审时，开棺重新验尸，一位在刑部任职六十年的资深老仵作参照《洗冤录》的验尸方法，证实小白菜的丈夫并非中毒身亡，而是得病而死。最终，杨乃武和小白菜得以平反昭雪。慈禧当时也想借这个案子整顿一下浙江官场，就要求严肃追责所有涉案的渎职官员：刘知县被发配黑龙江，其他三十多名官员也都被革职、充军或查办。

通过对杨乃武小白菜案的考察，你应该对我国古代的司法体系有了初步的了解。如果穿越回去，遇到了昏官，也要学会用法律武器捍卫自己的权利，记住：告御状要去都察院！

40
古代犯人流放到哪里

　　流放是很古老的一种刑罚，先秦时代就已有之。那时候最著名的流放，是商朝权臣伊尹把国君太甲给流放了，让其闭门思过，史上称"伊尹放太甲"。流放最初只是针对权贵阶层的，被流放的大部分是政治犯，后来才开始针对普通民众。到了唐朝，流放成为"笞、杖、徒、流、死"五刑之一，一直沿用到清朝。

　　在古代，流放是很重的罪，仅次于死刑。今天的人可能不理解，以为流放没什么可怕的，不过是换个地方生活。古代可并不是这样，安土重迁的古人，即使到朝廷当了大官，退休后都要回到原籍养老，对背井离乡是非常不能接受的。而且古代流放地点的选择，是罪行越重流放越远，一般都是流放到偏远落后的苦寒之地或烟瘴暑热的偏僻海岛。流放地经济落后，医疗匮乏，环境恶劣，生存条件非常差。赶往流放地的路途艰难又坎坷，很多人在路上就病死了。重刑犯到了流放地，要么做苦役，要么充军。罪行轻一点的，或被贬官的政治犯，到了流放地可以自由生活，但也极其艰辛。

古代的流放地主要有哪些呢？下面就来介绍几个古代的流放"圣地"。

房陵，现为湖北十堰市所辖地区。被流放到这个地方的，大多数是权贵阶层。比如秦灭赵时就曾把赵王流放到这里，汉朝时犯罪的皇亲国戚也被流放到这里，唐中宗李显也被母亲武则天流放到这里。历史上房陵被流放的君主就有16位，显贵更是不计其数。

岭南，就是今天的两广和海南。别看这个地方现在经济发达，在古代可是落后的"蛮荒之地"。韩愈当时就被流放到岭南的潮州，一到潮州就被当地的食物给吓蒙了——天啊，这吃的都是什么妖魔鬼怪？不行，我要回去！然后他就给皇帝写了悔过书，不久就被皇帝特赦回去了。其实吓蒙韩愈的菜就是生蚝，今天是美味佳肴，但在韩愈那个时代却是大多数人未见过的怪物。宋朝有祖训"不杀文臣士大夫"，所以犯罪的文官大多都流放了，他们的主要流放地是岭南的海南岛，苏轼就是其中的代表。海南有个流放"圣地"叫崖州，就在今天三亚市的崖州区，距离三亚市区四五十公里，是三亚的"源头"。我去三亚的时候还特意去了趟崖州古城，感受下古人的"流放"。今天三亚可是国人趋之若鹜的旅游胜地，但在古代却是犯人的流放地。不知道古代被流放到这里的文人会不会感到"面朝大海，春暖花开"。

东北在明清时叫满洲。清朝政府比较喜欢将犯人流放到满洲，因为这里是满族人的"龙兴之地"，属于军事禁区，比较安全。另外，满洲人烟稀少，想跑都跑不了。东北最有名的流放"圣地"莫过于今天黑龙江海林和宁安一带的宁古塔了。看清宫戏，经常会听到官员犯罪了被判"流放宁古塔"与"披甲人为奴"。如果再加一句"永世不得入关"，那基本上就等于判死刑了。那地方冬天太冷了。另外，给"披甲人为奴"就是给当地的军人做奴仆，天天做苦役，可能两三年就被折磨死了。还有很多人在去宁古塔的路上就已经死了，清代文人中就流传说：人说黄泉路，若到了宁古塔，便有十个黄泉也不怕了！

古代流放到四川、贵州、新疆、蒙古、河北沧州的犯人也不少，去的都是偏远落后之地。很多人会疑惑：被流放的犯人为啥不逃跑呢？一是跑不出去，流放地偏远，周围渺无人烟，跑的路上都有可能被饿死。另外，重刑犯流放前还会在脸上刺字，跑到哪儿都会被认出来。一般左脸刺罪名，右脸刺流放地名。最倒霉的是清朝，要刺满汉两种文字，那画面，想想都脸疼。如果流放地的名字比较长，那就悲剧了，比如说流放到内蒙古科尔沁左翼后旗，有没有感觉到"脸疼"？

情感篇：
古人谈恋爱，不在七夕节

41

中国古代的情人节是哪一天

改革开放后，随着中国重新融入多元世界，很多西方节日又回到了中国，并受到广大年轻人的追捧，最具代表性的是圣诞节和情人节。但一些传统文化的卫道士却在极力鼓吹中国人应该过中国的传统情人节"七夕"。王老师听了哭笑不得，因为七夕压根儿就不是中国古代的情人节。

至少在汉代，七夕节就已经出现了，至今至少有两千年了。那古人是怎么过七夕节的呢？现存文献中，最早关于七夕的记载见于东晋葛洪的《西京杂记》，记录了汉朝怎么过七夕："汉彩女常以七月七日穿七孔针于开襟楼，人俱习之。"意思是说：汉朝的宫女常常在农历七月初七这一天，在缝衣制裳的宫楼里比赛穿针引线，民间也纷纷效仿。因此，最初的七夕跟男女欢情没有任何关系，只是女子们比拼、学习女红技能的日子。这种风俗叫作"乞巧"，即乞求心灵手巧。它的起源跟织女的传说有关。民间传说中，织女最初是织布的，所以三国时就有女子拜织女星祈求心灵手巧的乞巧风俗。而传说中的织女又是和牛郎相伴的，于是人们便认为七夕这一天牛郎和织女会在鹊桥相会。但这个传说仅限牛郎织女之间的爱情，与民间的男欢女爱并无关系。

随着时间的推移，历代的七夕也许增加了新的内容，但始终不变的是女性乞巧，而且也从来不是女子和男子约会的节日。另外，古代的七夕节，仅限于未婚女性过节，未婚女子可以穿上漂亮的衣服，和小姐妹们聚会，互相切磋女红技巧，聚餐玩耍。所以，七夕并不是古代的情人节，而更像古代的"妇女节"或者说是"女光棍节"。

其实大家想想也能明白，在三纲五常等儒家观念影响下的古代社会，女子出门并不是那么随意，特别是未婚女性。所以不大可能在七夕这一天和情人约会。那中国古代真的就那么死板，没有类似情人节的节日吗？也不是，要说类似的情人节，还是有的，那就是

△ 古代的七夕节（出自《汉宫乞巧图》）

△ 上元节观灯（出自李嵩《观灯图》）

元宵节。

元宵节在中国的历史也非常悠久，至少在东汉末年就有了，也存在大约两千年了。那时的元宵节被称为上元节，是非常重要的节日。每到这一天，大城市都会张灯结彩，歌舞升平。无论是达官显贵，还是市井百姓，晚上都会出来观灯赏月。宋朝以前，城市有严格的宵禁制度，晚上跑到街上会被官府巡夜的惩处，唯独上元节例外。唐朝时上元节的晚上开禁三天，大家晚上随便出来玩，赏灯逛街，不回家都行。到了宋代，虽然没宵禁了，但女性在晚上仍然大门不出，二门不迈。不过上元节这一天仍旧是特例，成为女性少有的能随便出去溜达的日子。姑娘们上街，小伙子们出动，年轻的朋友们在一起，干什么都快乐。后面的故事不用我讲，大家也能猜到。宋代诗人欧阳修就写过一首描写上元节夜晚场景的诗词《生查子·元夕》，诗中"月上柳梢头，人约黄昏后"两句脍炙人口，讲的就是上元节晚上幽会的内容。所以，上元节才是中国古代的情人节。

在历史剧《大明宫词》里，周迅扮演的太平公主，就是在上元节这一天的夜晚遇上了她心仪的男子"昆仑奴"，这恰恰凸显了上元节的情人节色彩。

42
古人如何解决"剩女"问题

古人寿命不长，所以结婚都早，很多人都听说过：古人十四五岁就结婚了。果真如此吗？这一篇我们来考察一下古人的结婚年龄。

古人结婚的年龄，并不是一成不变的，而是随着社会局势、道德观念、官方政策等因素的变化而变化的。所以，我们考察古人的结婚年龄，应该分时间段来看。

先秦时期，对男女的最晚结婚年龄有规定。比如《礼记》就规定："男三十、女二十而无夫家者，皆过时不嫁娶者，媒氏会而合之。"意思是说：男子到了30岁、女子到了20岁的，如果还不结婚，政府就要用强制力帮你结婚，一般是派一个官方媒人给你强制介绍对象，必须去见。因此，两千多年前的中国居然还有强制相亲！

文献只记载了法律规定的最大结婚年龄，那现实中的一般结婚年龄是多少呢？先秦时期相关的文献记载太少了，我们只能通过对《左传》记载的几位鲁国国君结婚时的年龄，侧面看一下当时普通人的情况。根据统计，他们的婚龄如下：鲁隐公30岁之前、鲁桓公大约18岁、鲁庄公37岁、鲁僖公25岁前、鲁文公23岁前、鲁宣公14或15岁、鲁成公25岁前。可以看出，鲁国国君的结婚年龄大部分在18~30岁之间，大都符合30岁之前结婚的规定。唯独鲁庄公例外，37岁结婚，不知道国君大龄未婚，是不是也应该由政府强制相亲？

战国末期的统一战争对社会的破坏力极大，加之秦朝暴政的影响，人口数量大幅下降。汉朝初年，为了加快人口繁育，汉朝政府修改了男子30岁、女子20岁的最晚法定结婚年龄，将其大大降低，特别是将女子的最晚结婚年龄降低到了15岁。

与先秦政府强制相亲的办法不同，汉朝政府是用税收杠杆来鼓励结婚。汉惠帝六年令："女子年十五以上至三十，不嫁，五算。"汉朝的"算"是政府征税时的一个计数单位，1算为120钱。也就是说，如果女子15岁了还不嫁人，要加倍征税，最高加征5倍，一直征到你30岁。如果30岁还嫁不出去，政府就"弃疗"了。那汉朝男女的一般结婚年龄是多少呢？根据学者杨树达的《汉代婚丧礼俗考》记载，汉代普遍的结婚年龄是男子十五六岁，女子十三四岁。也就是说，今天的高中男生和初中女生，穿越回汉朝就是普遍的结婚群体。

唐朝政府也对最低结婚年龄作了规定，玄宗开元二十二年敕令"男年十五，女年十三以上，听婚嫁"。也就是说，唐朝的法定结婚年龄是男子15岁以上、女子13岁以上。那当时一般人的结婚年龄又是怎样的呢？有学者对《唐代墓志汇编》中记载的344名上层女性的初婚年龄进行了统计，其中最小的11岁，最大的27岁，13岁以下和20岁以上的均为少数，14~19岁嫁者居多，其中又以14、15岁的更多。拿到今天，女生初中毕业基本就都结婚了，而男子的结婚年龄要略高两三岁。总体来看，唐朝的婚配年龄比汉朝略晚一两岁的样子。

宋朝的法定结婚年龄沿袭了唐朝的规定，但实际结婚年龄却比前朝高了不少。有学者对宋朝墓志铭记载的60名女性进行了统计，平均结婚年龄为17.67岁，大部分在17~19岁之间结婚。男子的结婚年龄就更大了，根据统计，士人阶层的平均结婚年龄在24.15岁，大部分在20~25岁之间结婚。士人阶层结婚晚，可能是为了参加科举考试，把时间都用在学习上了。如果是普通民众则要更早一些，男子20岁结婚应是普遍现象。为何宋朝人结婚这么晚呢？一是宋代城市文明发达，不结婚也有事做，从这点来看，宋代还真是近代的前夜；二是宋代结婚费用高，彩礼和嫁妆都非常昂贵，这可能也是导致结婚晚的原因。

明清两朝，男女的结婚年龄和宋朝差不多。明朝人黄佐在《泰泉乡礼》中记载："凡男女婚嫁以时，男子未及十六，女子未及十四成婚者，谓之先时。男子二十五以上，女子二十以上未成婚者，谓之过时。"也就是说，明朝男子的结婚年龄大多在16~25岁，女子的结婚年龄大多在14~20岁。有学者根据《明史》中的数据统计，明朝女子的结婚年龄在17岁左右，与黄佐的记载吻合。清朝也延续了明朝的传统，17~20岁之间是大多数男女的结婚年龄范围。

有的人可能要质疑了：不对啊！我们看电视剧里清朝的皇帝和嫔妃结婚时大多是十三四岁啊，康熙13岁的时候就已经生孩子了！不错，清朝皇室的结婚年龄是小，但那继承的是满族人的传统，汉族人结婚没那么早。

综上所述，古人的结婚年龄呈现越往后就越晚的趋势。拿今天的年龄作类比，汉朝人初中就结婚了，唐朝人高中结婚，而在宋、明、清三朝，想结婚就得高中毕业了。如果你是宋朝的读书人，想结婚就得大学毕业了！

43
古代结婚难吗

对于当下的年轻人来说，"结婚"是个老大难的事。很难遇到喜欢的人恰好也喜欢你，这是主观上的"结婚难"。婚礼的繁琐程序和诸多准备是客观上的"结婚难"。因此，"结婚"让很多年轻人望而生畏，甚至有不少人会想，一辈子就这样一个人算了。那古人结婚难吗？

在上古时期，婚姻制度和今天不一样，结婚是不难的。无论是群婚制，还是抢婚制，婚姻都是相当随意的。确切地说，那时候并没有严格的婚姻，大家开心就好。进入文明社会后，一夫一妻制形成，婚姻就变得重要而繁琐了。

古代儒家社会，很少有自由恋爱，因为在保守的主流价值观下，未婚男女很少有接触的机会。古代大部分婚姻都遵从"父母之命，媒妁之言"，说白了就是在长辈安排、媒婆介绍后结婚。

这种婚姻中的夫妻双方，在婚礼前都不一定见过彼此，也就无所谓喜欢不喜欢了。所以，古代的包办结婚不会存在"主观上的结婚难"。近年来，大龄男女们知音难觅，很多人又开始怀念起"父母之命"式的包办婚姻了，管他喜欢不喜欢，至少省事。

我们来重点说说古代"客观上的结婚难"——繁琐的程序。早在先秦时期的《礼记》中，就规定了婚礼程序的六个步骤，称为婚姻六礼，这六礼分别是：纳彩、问名、纳吉、纳征、请期、亲迎。我们具体说说这六个步骤。

首先是纳彩，其实质类似今天的求婚。分为两步，先提亲，后纳彩。古人的求婚不需要情侣双方出面，有媒婆和家人就够了。纳彩前，媒人要去女方家提亲。提亲的时候，媒人要介绍一下男方的个人概况和家里的情况。这时候，媒婆的三寸不烂之舌就派上用场了，必须把男方神吹一顿。《笑林广记》里有这样一个段子：

> 古时候有个穷小子，天天为生计发愁。邻居就逗他：你只要找媒婆说道说道就好了。穷小子不解地问：难道媒婆有什么发财良方能让我飞黄腾达？邻居笑着说：无论多穷的人，经媒婆的嘴一夸就发迹了！

媒人提亲成功后，男方的家人就要准备去女方家正式纳彩了。纳彩的"彩"，跟今天的彩礼是一个意思，但还不是正式的彩礼，只能算见面礼。古代纳彩一般送大雁。为何用大雁呢？主要有两种说法：第一种说法认为雁这种候鸟"木落南翔，冰伴北祖"，是一种顺乎阴阳往来的动物，用雁纳彩，象征顺乎阴阳之意；另一种说法认为雁代表忠贞，雁失配偶，终生不再成双，用雁纳彩象征对忠贞的追求。如果条件不允许，纳彩时找不到雁，也可以用鹅来代替，古人把鹅看作家雁。

纳彩之后是第二道程序，叫作"问名"。所谓问名，是托媒人去问女方的姓名及生辰八字。有的朋友会疑惑：问个名字还用特意搞一道程序？找人一打听不就完了嘛！不要小看古代女子的名字，未婚女子的名字只有家人知道，对外是保密的。即使在家，家人也只是呼唤其小名，估计就是为了保密大名。所以如果你穿越回去的话，不要轻易问女孩的名字，否则会被认为你想娶人家！

古代问名的时候，除了问女孩的名字，还要问生辰八字。古人很迷信，问来女孩的生日时辰后，还要找人占卜一下，看看和自家孩子的生日时辰是否匹配，是吉是凶，然后决定成婚与否。今天这个传统在年纪大的长辈那里还有遗风，听说晚辈有对象了，有的长辈就会说"找个人好好算算"吧，看看是否合适。古人有时也将"问名"程序简化，甚至与纳彩合二为一。

问名后男方家要找人占卜，一般都会得出吉利的结果。如果结果不吉利，那一定是给占卜者的赏钱少了，否则就是男方想以此为借口取消这门婚事。如果占卜顺利，男方就要把吉利结果告知女方，实际上就是对这门婚事再次表示确认。这一程序称为"纳吉"，意为把好消息告诉你，后世又称此为"订盟"，其实质就是我们今天所说的"订婚"。纳吉是婚姻六礼中的第三道程序。

接下来是第四道程序，叫作"纳征"。"纳征"就是男方家给女方家送聘礼，用我们今天的话说，就是给彩礼。那古人的彩礼都送啥呢？按照古礼，彩礼主要有三类：一是"玄纁"，就是用深红和浅红两种颜色组成的衣物；二是"束帛"，当时五匹为一束，也就是送去五匹长的帛；三是"俪皮"，就是成双的鹿皮。看来古人最初还是比较淳朴的，送的彩礼基本上都是结婚过日子的居家用品。当然，从另一个角度看，这也是那时物资匮乏的表现。改革开放前大家送的彩礼基本上也都是水盆、暖瓶、被罩之类的居家用品。改革开放后，随着经济社会的发展，大家基本不送东西了，都改送钱了。因为生活富裕了，大家啥也不缺了，就缺钱。古代也是这种情形，最初送皮帛等御寒之料，后来就主要送真金白银了。所以，古人也称其为"聘金"或"纳币"。

古人送的彩礼数额的确很高，但并不是"来而不往"的单向送礼。男方送女方家厚重的彩礼，女方家同样也要置办丰厚的嫁妆。特别是宋朝，流行厚嫁之风。很多时候，宋朝人不是娶不起，而是嫁不起。苏轼的弟弟苏辙，为了给女儿置办嫁妆，特意卖了他在河南新乡购置的一块好地，凑了"九千四百缗"钱嫁女，他在日记里说这叫"破家嫁女"。九千四百缗就是9400贯，咱们前面算过，宋朝一贯钱的购买力折合今天的800元，也就是说苏辙给女儿置办的嫁妆折合今天700万元左右。厚嫁之风在江南地区尤甚。南宋有个叫郑庆一的女子出嫁，嫁妆包括500亩土地、30间商铺，还有10万贯铜钱——这些东西拿到今天得上亿了！

古人嫁女为何要给这么多嫁妆呢？主要有两点原因：第一是贴补家用，让女儿的婚后生活更舒适些。在宋代，女性拥有一定的财产权，女方的嫁妆婚后归自己支配，夫家不能随意取用，否则会被人瞧不起。此外，厚嫁还有一个更为重要的原因：嫁妆越多，女儿婚后在夫家就越有地位。《三朝北盟会编》记载了一个有关嫁妆的故事。说宋朝秦桧投降金军后被外派任务，其妻王氏担心自己被丢下，就故意吵闹说："我嫁到你们秦家，那可是明媒正娶，光嫁妆就有20万贯，我父亲给这么贵的嫁妆就是想让我和你共度余生，你现在想把我丢在这里吗？"这段对骂是故意演给金人看的，金人最终同意了王氏随秦桧同行，看来金人也知道这么贵的嫁妆是不能"辜负"的。

纳征之后是不是就要结婚了？别着急，还有第五道程序叫作"请期"。就是男方家择定婚礼的日期，备礼告知女方家，并征得其同意，民间俗称"提日子"。这道程序也比较简单，但也要占卜，也要送礼。送的礼比较简单，一般还用大雁。哈哈，大雁招谁惹谁了？

婚姻六礼的最后一道程序就是迎亲，即我们今天常说的婚礼仪式。迎亲礼是古今婚姻中最为繁缛的仪式，还总在变化。但无论怎么变，无非两类环节，第一类是家庭关系的确认，比如新妇在男家的"认大小""斟酒""献茶"等；另一类是对新人们的祝愿，如"献四喜汤""迎轿""下轿""祭拜天地""行合卺（jǐn）礼"等。

通过以上对古代婚姻六礼的叙述，你是否感觉到有点脑袋疼？无论古今，结婚都是头等难的事！

44

古代婚礼在什么时间举行

今天中国北方大部分地区结婚都是在上午，并且一定要在正午12点之前，只有二婚才会在下午办婚礼。但是天津除外，据说天津市区里的人都是在下午举办婚礼。而在南方，很多地方都是在下午甚至晚上结婚。那古人结婚是在什么时间呢？

古人结婚多是在黄昏傍晚时分，结婚的"婚"字，最初就是代表黄昏的意思，"婚"字是通"昏"字的。唐朝的《仪礼注疏》就说："士娶妻之礼，以昏为期，因而名焉。"在下午黄昏结婚，是自周朝就有的悠久传统。

古人下午结婚并不是草率的决定，而是沿袭了上古时代抢婚制度中的传统。早期人类社会的婚姻制度并不成熟，也没有明媒正娶一说。最初都是群婚，还是族内群婚，就是说你的老婆都是你的姐姐妹妹们。总在一个群体里结婚，时间久了，多少有些视觉疲劳。

而且有时候部落内的女人还不够用，毕竟蛋糕太小了不够分。作为补充，原始居民就到族外其他的部落抢女人回来结婚，称为掠夺婚，也叫抢婚。

抢婚的时候，部落的男子组队冲进对方部落，看见型号差不多的妇女，扛起来就跑，抢回去就是自己的媳妇。既然是抢，就要选择夜色渐暗的黄昏，这样的天色有利于行动隐蔽。有的朋友可能会说，那半夜去抢岂不是更好吗？月黑风高啥也看不见，更隐蔽！是啊，半夜啥也看不见的确隐蔽，但抢媳妇时脸也看不见，抢回来是个大妈咋办？万一抢回来个男的岂不更糟心？所以上古时代的抢婚都选择在黄昏。后来的婚姻制度演进为明媒正娶了，但婚礼的时间依旧沿袭了上古的传统。

其实人类的很多行为与传统都映射着上古时代生活的影子，婚礼习俗就是典型的代表。比如说自古以来传统的中式婚礼中，新娘子都要头戴盖头。有的学者就认为：戴盖头的目的是蒙住新娘的眼睛，防止新娘认出回家的路，其目的和土匪绑票时蒙住人质的眼睛是一个道理。

黄昏结婚是古代中原地区的传统，后来，随着少数民族南下中原，原先中原地带的汉族人便衣冠南渡，迁往江南地区。他们在南迁的同时，也将中原文化和习俗带到了南方，所以今天很多南方地区就保留了古代中原地区的风俗习惯，结婚也多选择在下午进行。而北方胡汉杂居，原有的一些中原的传统习惯也就渐渐消失了。

今天，古老中原地区的传统文化在南方地区保留较多，特别是广东、福建。从某种角度讲，传统文化越往南越汉化，越往北越胡化，胡汉结合，就是当今的中华文化。

最后，我们再来解决本篇开头的问题：为何天津地处北方，却也选择下午结婚呢？难道天津保留了中原传统文化？并非如此。婚礼的时间选择，既有先天传统的遗留，也有后天因素的影响，天津就属于后者。天津下午结婚的习俗与码头文化有关。天津过去是繁忙的码头，人们的生活与码头密切相关。很多天津人上午都在码头忙活做事，没有时间干别的事，只有下午才有空聚在一起举行婚礼。久而久之，天津人就形成了下午结婚的传统，并延续至今。

总结下来，最初的结婚之所以都是在黄昏，因为不是结婚，而是"劫昏"！

　　每当谈及古代的婚姻制度时，许多男同胞都会心生羡慕，侃侃而谈古时男人们都是三妻四妾，老婆成群，云云。当然，这样的心花怒放状态一定是在老婆不在场的时候。那么古人真的能娶多个老婆吗？今天我们就来聊聊古代的婚姻形式。

　　近代学者研究中国古代婚姻制度，多是按照西方理论来研究，特别是受美国原始社会史学家摩尔根婚姻阶段理论的影响较大，认为婚姻形式是逐渐阶段性进化的。我国古代学者研究婚姻制度时，没有接触到西方理论，但许多研究结果却和摩尔根的理论高度契合，这说明人类社会确实存在许多普遍性。在这一篇里，我们就根据摩尔根的理论，并结合中国历史实际情况，将古代婚姻制度的演化进程重现给大家，看看古人到底能娶几个老婆。

　　最初，人类没有婚姻，或者说是"杂婚"，就是随便。你行动范围之内能看见的女人，都可以是你的老婆，只要你能hold得住。《列子·汤问篇》说那时候是"男女杂游，不聘不媒"。"杂游"二字用得非常有画面感，就是两性之间随便欢愉。普天之下，皆可为夫妻。

慢慢地，人们认识到这种"杂游"太过草率了，也不文明，和兽类没有区别。特别是和自己的长辈"杂游"，想想都是很恶心的事。于是人类就进化到了婚姻制度的第一阶段——血族群婚。所谓血族群婚，就是一个血缘群体，按照辈分区分，平辈之间可以婚配。这种婚姻形式的出现，杜绝了和长辈婚配的情况发生，是人类最初伦理观念的体现。在这个阶段，你的姐姐妹妹、姑表亲戚，都可以是你的老婆，也就是今天所说的近亲结婚。中国古代神话传说中的伏羲和女娲就是兄妹关系，两人的婚姻关系就是血族群婚在传说中的印证。

总在一个血缘圈子里婚配，时间久了也会腻。另外，有的血缘群体会出现女少男多的情况。比如说部落里总生男孩，搞得整个大家族的一个辈分里"僧多粥少"，婚姻关系极不和谐。于是，古人就想到了补充新鲜女性的办法——到族外去抢，这就是"抢婚"制度的由来。抢婚时，选个黄昏朦胧之时，到邻近的氏族，见到女性扛起来就跑。扛到家就是你的老婆了，确切地说是兄弟们共同的老婆，因为抢婚是血族群婚的补充形式，大家还是多夫多妻。严谨地说，抢婚并不是婚姻制度中一个单独的发展阶段，只是一种补充形式，用来调剂血族群婚的。

有的朋友会认为抢婚很野蛮，是人类社会的倒退。不尽其然，有的"野蛮"也能使人类有意外的发现从而加速进步。抢婚的野蛮就让人类有了一个重大的发现——抢婚得来的老婆生下的孩子都比较健康，而族内群婚生的孩子要么脑残要么身残。这就让人类认识到了近亲结婚可能导致后代畸形的遗传学害处，推动了人类的婚姻形式进化到第二个阶段——族外群婚，摩尔根称之为"普纳路亚婚"。

族外群婚杜绝了兄弟姐妹之间的婚姻关系，想婚配就得去别的血缘氏族找异性。那是让男的出去找还是让女的出去找呢？让男的出去找，因为女性能生孩子，得留在自己的氏族，以保证人丁兴旺。说白了，族外群婚，就是男的倒插门去另一个氏族婚配，婚配完了回到自己的氏族生活，因为"丈母娘家"不管饭。需要注意的是，这种婚配关系也不是一对一固定的。打个比方，今天生活在山的东面的氏族里来了一个男子，和我家女儿婚配；过几天，生活在山的西面氏族的另一个男子也来了我的氏族，也可以和我家女儿婚配，可谓"有男子自远方来，皆女婿也"。然而问题出现了，过一段日子女儿怀孕了，生下了孩子，却不知道父亲到底是山东面来的还是山西面来的，孩子只知道母亲是谁。这种只知其母不知其父，人们以母系血缘为纽带生活在一起的社会，叫作母系氏族社会。也就是说，族外群婚时代，不是你有多个老婆，而是你老婆有多个老公，并且生的孩子都不管你叫爸爸。

族外群婚之下，一个女子可以和多个男子婚配。但人是有感情的动物，一个女子的众多老公之中，可能有一个老公因某方面的优势会更吸引该女子。所以，女子就会慢慢产生"和其一同看日出日落"的固定同居想法。这样，人类婚姻就进化到了第三个阶段——对偶婚。

对偶婚下，女子还是有多个外氏族的婚配对象，但会有一个固定的主夫；男子还是可以去多个氏族婚配，但会在一个氏族有一个固定的主妻。主夫和主妻之间可以相对长时间地同居在女性的氏族，生活个十天半个月的，"丈母娘"不会赶你走。这种对偶婚的出现，是人类固定婚姻的萌芽，是家庭产生的基础。但这种对偶婚也不是十分稳定，可以自由离异，哪天不喜欢你了就好生分别，各寻新欢，随聚随散。今天云南地区的一些少数民族，还保留着这种对偶婚的形式，比如摩梭人的"走婚制"。

随着生产力的发展，男性的作用越发重要，其地位也越来越高。农耕社会的到来，让男性逐渐成为人类最先进生产力的代表。人类从母系氏族社会过渡到了父系氏族社会，这一变革是人类历史上最伟大的变革之一。人类逐渐产生了私有财产观念，也逐渐产生了不需要大氏族一起生活的想法，都渴望组成自己的小家庭。于是，财产逐渐集中到以男子为中心的家庭之中，而不再属于整个氏族社会。我的东西就是我的，别人不许动。我死后，我东西给我的孩子。在对偶婚下，孩子只知其母，不知其父，这样不方便遗产继承。所以为了传承财产，人类就进入了婚姻制度的最后一个阶段——一夫一妻制，一直延续到了今天。

中国从先秦时代开始的数千年里，一直都实行一夫一妻制度。即使是贵为天子的皇帝，在同一时间段内也只能有一位皇后。有人说不对啊，乾隆那个"大猪蹄子"有仨皇后啊！注意，那不是同一时间段，都是一个皇后死了之后又立了一个，前后一共是三个。有的男同胞们看到此处会失望至极，怎么没有三妻四妾阶段啊？说好的古代社会好呢！不要急，古代的一夫一妻制和今天的一夫一妻制还有个很大的区别，古代的一夫一妻制有个重要补充形式，那就是纳妾，而且可以纳多个。所以，古代的一夫一妻制完整的表述应是"一夫一妻多妾制"。有人会觉得妻妾都一样，都是老婆，所以三妻四妾的表述也是没问题的。这是大错特错！妻妾的区别是很大的，具体有多大？咱们下一篇继续讲。

46
古代的婚姻制度（下）

　　妻妾之间的故事，是很多古装电视剧热衷的话题。曾经热播的电视剧《知否知否应是绿肥红瘦》（以下简称《知否》），就是其中比较有代表性的。《知否》以北宋社会为故事背景，架空历史，展现了一幅大户人家的生活画卷，充斥着妻妾儿女的勾心斗角，因此也被称为"宅斗剧"。这部剧相对以前一些粗制滥造的历史剧而言，在历史细节的还原上还是比较下功夫的，特别是对宋人家庭关系和生活原貌还原得比较到位。很多朋友对剧中正妻王氏和妾室林小娘之间的宅斗情节印象深刻，惊叹妻和妾在家中的地位差距如此之大。那妻妾之间的区别有多大呢？在这一篇我们就来聊聊。

　　首先，身份地位不同。妻，在《说文解字》中的解释是"与夫齐者也"，意思是说地位与丈夫平齐。妻子的身份实质是家庭的女主人，有财产和下人的支配权。妻子只能有一个，妾却可以有多个，具体数量取决于你的家庭条件。妾，在《说文解字》中的解释是"有罪女子"。在甲骨文中，妾的写法是：

△ 甲骨文里的妾字

上面是刑具，下面是一个"女"字，就是戴刑具的女子。妾的身份实质是奴婢，是服侍主人的，只是服侍的方式是同主人睡觉生孩子。电视剧《知否》的前段中，是妾室林小娘掌管家族财务，这在古代是极不正常的现象，所以男主人被指责为"宠妾灭妻"。

其次，出身不同。妻一般都出身正经人家，讲究门当户对，而妾的出身就无所谓了，多数比较低微，否则也不会委身去给人家做妾。最初，妾都是部落之间战争的战利品——打败对方部落，把俘虏回来的女子当妾用。后来的妾，一般都出身于贫苦人家，有的则出自青楼。北宋名臣范仲淹，就纳了一个青楼女子为妾，名叫甄金莲，是一位色艺俱佳的女子。妾也有出身较为富裕家庭的，但依然遵循门当户对，富裕家庭的女子肯定是到更富贵的人家才肯当妾。从礼法上讲，皇帝的嫔妃都是妾，只有皇后是妻。

第三，获得方式不同。娶妻要经过三媒六聘、婚姻六礼等繁琐的程序，明媒正娶后才能进门。即便贵为皇家，也不能违背。古代迎娶皇后，有着比民间娶妻更为繁琐、郑重的礼仪。清朝皇帝大婚时，迎娶皇后的路线都有讲究。皇后要从皇城的正门——大清门抬进来，然后依次经过天安门、午门等中轴线正门，再进入后宫。而其他新进宫的嫔妃，只能从皇宫后面的神武门入宫。在清朝，大清门是只有皇帝才能走的门，皇后入宫也走，体现了夫妻地位的平齐。

妻子是娶来的，妾则是纳来的，正所谓"娶妻纳妾"。纳字的意思是接收，像东西一样，花钱了就可以买。既然是买来的，自然也可以卖出，古代的妾是可以用于交易的。那价格一般是多少呢？《夷坚志·丙志》记载，北宋"衢州龙游人虞孟文，以钱十四万买妾"。这里的十四万指的是制钱14万文，合180贯左右。北宋一贯钱的购买力大约合今天800元，计算下来，纳妾需要花今天15万元左右。宋代买妾，服务年限上也不尽相同，有终身者，也有只服务几年的。另外，如果妻子死了，妾一般是不能上位成为妻子的。唐朝法律明确规定："妾乃贱流""以妾及客女为妻，徒一年半"。假如将妾升为妻，就是触犯了刑律，两口子要服刑一年半，而且事后照样得遵法离婚。

第四，法定准入条件不同。娶妻只要男子到了结婚年龄就可迎娶，但是纳妾是有条件的。在宋代，许多家族的家法都规定"四十不纳妾"。如浦江郑家的《郑式规范》里就规定"若年四十无子，许置一人"。也就是说，男子娶妻后如果四十岁了还没生儿子，这时候才可以纳妾。到了明朝，更是将此项要求写入了法律。《大明律》规定："凡男子年满四十而无后嗣者，得纳妾。"从这一点要求上来看，纳妾的最主要目的是给主人生孩子，妾只是个生育机器。有的朋友可能会失望，原来古人也不是妻妾成群的啊，连纳个妾都这么麻烦！别急，法律是法律，现实是现实，只要你有钱有地位，想纳几个纳几个，想什么时候纳就什么时候纳。另外，古代男子不纳妾也可收养女子，除了妾还有家妓。宋代的商人和士大夫都有蓄妓的习惯，有的多达数十人甚至上百人，这也得看家里的条件了。另外，纳妾是需要征得妻子同意的，如果妻子不同意，你就纳不成。有的时候，妻子进门时带过来的陪嫁女子，也会成为丈夫的妾。

第五，家庭待遇不同。既然妻的身份是主人，妾的身份是奴婢，那妻妾之间在家庭中的待遇也就大不相同。比如说，明代法律规定：妻打妾，只要打不残打不死就没事；而妾打妻，是要杖一百的。花费待遇上，妻妾差距也很大。《红楼梦》里，正妻王夫人的月例银子是20两，妾室赵姨娘的月例银子只有2两，相差10倍。另外，妻妾死后的待遇也大不相同。正妻死后可以和丈夫同穴合葬，而妾不可以。

最后，妻妾身份不同，生育出的子女地位也不同。妻子生的子女叫嫡出，妾生的叫庶出。庶出的子女，在法理上是要将父亲的正妻作为母亲来侍奉的，称为大母、嫡母。而对自己的生母，则称为亲母或生母。至于《知否》中"小娘"的称法，在宋代一般是不会用来称呼母亲的。因为在宋代，青楼妓院的女子才会被唤作"小娘"，类似今天的"小妞"。

　　文末还要跟大家说一下古代妻子对纳妾的态度。古代妻子对丈夫纳妾看得比较包容，毕竟地位悬殊，不会产生太多醋意——何必跟一个下人计较？甚至有的妻子会主动提出为丈夫纳妾，并会被看作是妻子通情达理的表现。北宋仁宗时，王安石的妻子为丈夫花了90万钱纳了一个妾，这些钱的购买力至少合今天70万元。花这么大价钱纳来的妾，想必是色艺俱佳。

47

古人如何离婚

　　"离婚"在古代并不是什么新奇的事，早在先秦就已有之。《诗经》中称离婚为"仳离"，"仳"就是离别。在《战国策》和《韩非子》等文献中，有"去妻"之说，也是离婚的意思。秦朝时称离婚为"弃"，汉朝后又有了"出妻""休妻"的说法，到了近代才叫离婚。

　　古人的离婚方式都有哪些呢？最常见的有三种。

　　第一种离婚方式是丈夫要求解除婚姻关系，这种离婚称为"出妻"，民间称为"休妻"。先秦时未对休妻作制度上的规定，导致离婚盛行。汉朝时，为了维护婚姻稳定，国家对休妻作了限定，不可随意休妻。只有当妻子犯了七种错误时才可以休妻，这种情况被称为"七出"，在唐朝时纳入了国家法律。"七出"指：不生儿子；出轨；不孝顺老人；犯口舌；盗窃；嫉妒心重；患有重病。是的，嫉妒也会被休，当下那些容易"酸"的女生还是不要随便穿越回去了，否则很有可能被休！在古代男权社会下，妇女地位之低下，从七出制度就可窥一斑。

当然，古人也考虑到了一些女性的权益。首先，妻子没有犯"七出"过错而被无故休妻的，丈夫会受到刑罚。唐朝时是流放一年半，元明清三朝是杖一百或杖八十。另外，有下列三种情况，即使妻子犯了"七出"也不能被休，即所谓的"三不出"：妻子离婚后无家可归的不许离婚，妻子曾为公婆守孝期满三年尽了孝道的不许离婚，结婚时丈夫贫贱而今富贵的不许离婚。"三不出"倒是挺有人情味，特别是最后一条。

第二种离婚方式是官府强制性的，称为"义绝"。东汉时《白虎通德论》曾对早期的义绝情况做了说明："悖逆人伦，杀妻父母，废绝纲常，乱之大者，义绝。"后世义绝的范围有所扩大，离婚案例中常见的"义绝"情形有丈夫殴打妻子父母、丈夫奸非（强奸罪或通奸罪）、丈夫卖妻、丈夫在与妻子久别期间重婚。另外，家庭暴力也被纳入了"义绝"的范围。义绝离婚在古代并不多见。明清时期，即使有义绝情形发生，但只要夫妻双方还愿意保持婚姻关系，官府也不会强制离婚。

第三种离婚方式较为和谐，夫妻双方情感破裂后的自愿离婚，古代称之为"和离"。与休妻中的男子单方主张离婚不同，和离强调夫妻双方都有意愿，特别是女方的意愿。古代"和离"和今天普遍的协议离婚类似，程序也大致相同。首先，夫妻双方都有离婚意愿并达成一致。其次，双方家长亲眷需要同意。再次，丈夫要出具和离的文书，夫妻双方及父母签字画押。最后，将和离文书上交官府，得到准许后更改户籍，"和离"便完成了。古代的和离文书称为"放妻书"，一个"放"字很有意蕴——感情不在，婚姻难续，夫妻双方各自放过，好聚好散。1900年出土的敦煌文书中，有一批唐代文献，其中就有十几份"放妻书"。其文字优雅，情感动容。其中一份放妻书写道："愿妻娘子相离之后，重梳蝉鬓，美扫蛾眉，一别两宽，各生欢喜。"王老师顿时想起席慕蓉说过：若不得不分离，也要好好地说再见，也要在心里存着感激。这种境界，现代人也很少能够达到。

相对来说，唐朝及以前对离婚的看法是比较包容的，并不认为那是什么丢人事，唐朝公主也有许多离婚的。但对于那些随意离婚的，甚至离婚三四次的人，古人还是比较反感的。从宋朝起，程朱理学开始影响人们的价值观，存天理灭人欲，人们逐渐耻于离婚。到了明清，人们的自由更加被禁锢，离婚被视为大恶。士大夫即使娶了悍妻妒妇，也不敢离婚。直到新文化运动时期，婚姻自由的观念又被普遍接受，离婚也变得平常，就连末代皇帝溥仪都"被离婚"了。今日，离婚完全是个人生活的私事，外人是无权指手画脚和品头论足的。离婚是令人遗憾的，有的当事人还会十分痛苦，但离婚并不是一件丢人的事。那些斥责别人离婚很丢人的人，他们的思想进化程度真的还不如古人！

48
古人为何瞧不上绿色

　　如果一个人的配偶或恋人出轨了，我们常会说这个人被"绿"了，或者说这个人戴"绿帽子"了。"绿"成为被出轨的符号。那为何偏偏是绿色呢？古人为何瞧不上这个颜色呢？

　　中国古人很早就知道红、黄、蓝三原色了，加上白色和黑色，这五个颜色被称为"正色"。其他的颜色都是用三原色调出来的，因此被称为"间色"。间色被认为是杂色，正色则被视为高贵的颜色。古代五行学说中的金、木、水、火、土也对应这五个正色。许多王朝为了论证本朝建立的合法性，都用五行学说来论证改朝换代的合理，也都会选择正色为本王朝的崇尚色。比如，商朝尚白，周朝尚红，秦朝尚黑。汉朝的崇尚色比较复杂。汉高祖认为秦朝太短不作数，不算在五行轮换里，所以主张汉朝继周朝之后为水德，水德尚黑，故而汉初尚黑色。后来，汉武帝又认为汉朝应该是土德，所以又开始尚黄色。

古人认为绿色是"苍黄之间"色，即苍天的蓝色和土地的黄色调和而成的颜色，不上不下，颜色不正，是卑微的颜色。北宋《广韵》中就说绿色为"青黄色"。先秦时期，人们就看不起绿色。《诗经·邶风·绿衣》中有一句"绿衣黄裳，心之忧矣"，意思是说：上衣是绿色的，下裳是黄色的，心里感到忧伤。这是为什么呢？有一种解释认为：因为古人一般以黄色为上衣，绿色为下裳，而诗里面的搭配则是上下易位，贵贱颠倒。以此比喻夫人失位贱妾上僭，所以"心之忧矣"。以绿色代表地位卑微的妾，足以说明绿色的低贱。

古代有很多以绿色为卑贱的例子。春秋时，卖自己的妻女求食的人，都要裹绿头巾，以示卑贱。隋唐时确定了官员品色服制度，每个级别的官员都要穿固定颜色的官服，而绿色被确定为低品级官员的官服。唐代贞元年间，《封氏见闻录》记载，延陵令李封对凡是犯罪的官吏不加杖罚，而只是让他裹绿头巾以羞辱，错误严重的戴的时间长，轻微的则短，"戴绿头巾"被当作一种惩戒手段。

到了元代，绿色成为最卑贱的颜色，并衍生出了"绿帽子"的说法。《元典章》记载："至元五年（1268年），准中书省札，娼妓之家，家长并亲属男子，裹青（绿）巾。"意思是说，如果家中有女子做娼妓，那么她的男性家属就都得戴绿头巾。绿头巾就成为娼妓家属的专用服饰。到了明朝，规定从事歌唱表演行业的伶人要裹绿头巾，还要穿绿衣，将特殊行业的绿色服饰进一步以法规形式固定下来。所以元朝之后，穿绿不仅仅是卑贱了，还是一种侮辱。

由于古代娼妓家中男子戴绿色头巾，而娼妓又大多从事卖淫活动，所以绿头巾就成了家中女性跟别人发生关系的符号。后人不戴头巾了，取而代之的是帽子，于是，"绿帽子"也就成了被出轨的代名词。

社会篇：
古人工作，什么行业最赚钱

钱，我们每天都会接触，很多人为其奋斗终身。古人也是如此，司马迁就说过"天下熙熙皆为利来，天下攘攘皆为利往"的至理名言。古代的钱是什么样的呢？

人类最早没有货币，都是以物换物。交换的过程中，有些物品受大家普遍欢迎，而且价值比较好估计，就慢慢演化成了早期的货币。人类文明最早的货币多是贝壳。因为贝壳可以做装饰品，受到大家普遍欢迎。贝壳小巧坚硬，便于携带和保存，也适合做货币。另外，对于地处内陆的早期中国文明来说，贝壳不易获得，具有稀有性，不易贬值。汉字里跟钱有关系的字大多是"贝字边"，原因就在于早期货币为贝壳。

后来，随着生产力的提高，贝壳慢慢失去了货币的功能，人们开始铸造金属货币。春秋战国时期，金属货币种类庞杂，一国一个样，有刀币、布币、鬼脸钱等等。秦始皇统一六国后，将货币的形制统一为圆形方孔钱。圆形方孔钱的形制从秦朝用到了民国初年，以至于古人亲切地将钱代称为"孔方兄"。

从秦朝到清末，中国主要有三种货币形态——铜钱、纸币、银子。

古代铜钱的形制是圆形方孔，但不同朝代的铜钱名称却不同。秦朝叫半两钱，汉代叫五铢钱。五铢钱从汉武帝用到唐高祖时期，共铸造了700多年，是中国历史上历史最久的货币。唐高祖开始，改铸"开元通宝"。开元通宝背面有一个指甲印大小的月牙纹，关于此月牙纹的来历，还有很多有趣的故事。最传奇的说法是：后宫一位嫔妃拿开元通宝蜡样观看，不小心在上面留下了指甲痕，工匠们也不敢擅自去除印痕，所以铸出来的开元通宝上都有月牙纹。货币史家彭信威则认为：开元通宝上的月牙纹可能是受了波斯等国钱币上星月纹的影响。唐朝的确是一个受胡人文化影响较大的朝代。从开元通宝开始，后世铜钱都称作"某某通宝"或"某某元宝"，沿袭了1300多年。

△ 秦半两（左）和五铢钱（右）

△ 开元通宝

历史上最后一种帝制时代的铜钱是袁世凯称帝时北洋造币厂铸造的"洪宪通宝"。民国时,福建还发行过一种"福建通宝",为了有别于帝制时代的铜钱,福建通宝采用圆形圆孔形制。古代铜矿开采能力不如今天,而市场对铜钱的需求量又很大,经常出现铜不够用的情况,这就导致了"铜荒"和"钱荒"。"钱荒"严重的时候,政府就会不得不铸造铁钱来补充。铁钱是中国货币史的奇葩,断断续续存在了五六百年的时间,尤其在宋朝曾大量出现。

古代也有纸币,例如宋朝时的交子、元明两朝时的宝钞等。但是纸币在古代没有相应的发行储备金,缺乏信用担保,所以用不了多久就形同废纸。清朝政府吸取了元明两朝的教训,对纸币发行非常谨慎,在前期基本没发行纸币;后期,由于围剿太平军和自然灾害导致的财政窘迫,无奈在咸丰年间发行过"户部官票"和"大清宝钞"两种纸币。但它们也没逃离迅速贬值的命运,不到十年就停用了。

△ 大清宝钞

　　在宋朝之前，银子基本不在市面上使用。宋朝用银子也少，银子成为市面普遍流通货币得是明朝之后的事了。这其中的原因主要有三。首先，明朝之前我国白银的开采量十分有限，想用白银也没有那么多。明朝时，新航路开通，美洲白银大量流入中国，使白银有条件成为主要流通货币。学者估算，明末100年间，海外流入的白银约有14 000吨，是中国自产白银总量的近10倍。其次，商品经济的发展，需要大量货币用于支付，而白银的购买力远高于铜钱，更适合做大宗交易。最后，国家政策的导向发生了改变。明初时也曾禁用白银而用纸币，但是纸币贬值太快，国家不得不解除白银禁令。张居正主政时实行"一条鞭法"，更是鼓励用白银支付。上述原因导致白银从明朝开始成为主要流通货币，并形成了"白银为主，铜钱为辅"的货币体系，延续至晚清。明清两朝，是中国货币史上的"白银时代"。

黄金在古代一般不作为流通货币，只作为储藏和支付的货币使用。贵族经常用黄金支付，比如皇家赏赐或进贡。使用黄金最土豪的时代当属西汉，史书中关于西汉大手笔用金的记载数不胜数。比如汉武帝一次性就赏给卫青20万斤，合今天大约50吨。而西汉以后，就不见那么多的黄金赏赐了。这是为何呢？一种说法是汉朝的黄金大部分随着皇帝和贵族陪葬埋在地下了。还有种说法是汉朝赏赐的"金"并不都是黄金，有一大部分是铜。

到了近代，我国流行四种硬通货。除了黄金和白银（银元）外，还加入了美元和鸦片。这四样硬通货的颜色不同，也被称为"黄白绿黑"四大硬通货，成为最后的四种"钱"。

50
古代一两银子值多少钱

　　影视剧里经常有古人花银子的场景，那么一两银子值今天多少钱呢？我们来具体算算。

　　古代的度量衡与今天不一样，明清时的一两大约合37克。今天纯银的价格每克约3.5元，仅从银子价格考虑，一两银子大约值今天的130元。然而，这种单纯用银价来衡量的方式是不能反映古代银子的价值的。白银的开采难度古今差距很大，市场投放量和稀有程度也不一样。我们应该衡量的是古代银子在当时作为货币的购买力，而不是单纯的白银价格。衡量购买力，可以找一些古今都有的商品作为衡量中介。

　　先看看宋朝一两银子的购买力。宋朝市场上流通的主要是铜钱，一贯铜钱等于一两银子。一枚铜钱为一文，一千文为一贯。因为古人用绳子贯穿一千枚铜钱的中孔后拴在一起，所以叫一贯钱。

因此古人用成语"腰缠万贯"形容富有。然而宋朝的一贯钱经常"缺斤短两"，因为一千文太多了，使用时很少有人当面清点。这就使贪婪者有空子可钻，事先偷偷在一贯钱里拿出来一些，以少充多。后来，大家为了避免吃亏，也都跟着这么干。时间长了，就慢慢形成了定制，一贯只剩下七八百文，这就是宋朝的"省陌制"。省陌制的问题学界也在争论，没有定论，咱们姑且还是按照一贯一千文来计算。

宋仁宗时期，米价是六七百文一石。今天我们吃的普通散装大米，超市的价格是三四块钱一斤。宋代的一石约合今天的118.4市斤，一石米在今天值450元左右。也就是说，宋朝的"六七百文"相当于今天的"450元"，算下来一文钱差不多是0.7元，一两银子差不多合700元。

我们再找几个衡量中介来检验一下。《东京梦华录》是一部记录北宋都城东京汴梁社会生活的文献，书里说东京汴梁的夜市卖一种叫"炒肺"的小吃，一份不过二十文。这个炒肺，应该类似于今天的羊杂汤或卤煮之类的小吃。今天北京街头大排档的这种小吃价格，应该在15元左右。算下来，一两银子合750元左右。这个结果，跟刚才用米价衡量的结果差不多。

宋朝笔记小说《青琐高议》记载：庆历年间，"都下（都城）马吉以杀鸡为业，每杀一鸡，得佣钱十文，日有数百钱"。由此可知当时市场上杀一只鸡需要十文钱，今天市场上帮人杀鸡大约是8

元钱，这样算下来一两银子合今天800元。

综合以上的计算，宋朝一两银子的购买力合今天的七八百元。

接下来我们再看看明朝一两银子的购买力。明朝万历年间，米价维持在半两银子一石。明朝一石等于十斗，考古工作者曾测量出明朝成化年间的铜斗容量为9635毫升，1000毫升米的重量为1.5市斤左右，算下来一石米约为145斤。今天145斤大米500多元，可知明朝一两银子买两石米，相当于今天的1000元多一点。

成书于明朝中后期的小说《金瓶梅》记载，西门庆聘请温秀才做秘书，每月工资是三两银子。如果按照前面说的"一两银子合今天1000元略多"米计算，三两银子就是3000多元钱。秀才在古代的考取难度，类似今天的大学毕业生。西门庆所生活的地方是个县城，今天在县城工作的大学毕业生，月薪也就是三四千元。可见，这个计算结果比较靠谱。

最后我们算算清朝时银子的购买力。清朝乾隆年间，湖广、江西地区一石米的价格在一两半与二两银子之间。清朝的一石和明朝大致相当，大约合今天145斤。按照今天的米价作为衡量中介计算，清朝的一两银子大约合今天350元。

历史学者戴逸在《18世纪的中国与世界·农民卷》中指出：乾隆时期的中等农户，年收入约三十二两银子。我们再来看看今天一户农民家庭的年均收入有多少。根据国家统计局的数据，2017年全国农村居民人均可支配收入为13 432元。如果按照一家两个大人计算，2017年一户居民家庭的平均收入在27 000元左右。如果清朝的三十二两银子与今天的27 000元相当，那清朝一两银子的购买力大约合今天的850元。

这两种计算方法所得出的结果出现了一个较大的差距：用米价衡量，清朝一两银子合今天350元，用农民平均家庭收入来衡量则是850元。为何会有这么大的差距？一个比较合理的解释是：清朝中期人口爆炸，农村人口剧增，而生产力水平又没有质的飞越，人多地少导致米价上涨，农民生活处于贫困状态。所以，乾隆时期农民的财富远不如今天，不能将二者简单等同计算。历史学者张宏杰认为：清朝的乾隆盛世，是一个民众"饥饿的盛世"，人均粮食占有量是秦始皇以来的历代最低水平。康熙年间，米价才0.7两一石，到乾隆年间至少涨了一倍，相当于民众的财富缩水了一半，银子购买力就下降了一半。显然，上面两种计算方式，以米价计算出的"一两银子合今天350元"比较贴近乾隆朝的真实情况。也就是说，清朝一两银子的购买力，随着时代的不同变化较大，在康熙时值700元，到乾隆时就仅值350元了。

以上就是通过购买力换算古代一两银子相当于今天多少钱，宋朝一两银子合700~800元，明朝一两银子合1000元，清朝一两银子合350~700元。

最后咱们得说明一下，用商品作为衡量中介来换算古代银子购买力，并不是十分科学严谨的做法。因为古代的生产力水平和今天差距很大，古今的恩格尔系数（食品支出总额占个人消费支出总额的比重）也大不相同，收入水平和贫富差距状况更不可同日而语。另外，以米价作为中介，只能衡量一个相对固定的时间段内的购买力，因为古代的米价波动很大，可能会受粮食丰收或歉收的影响，还可能受自然灾害和战乱等影响。所以，我们的计算只能作为一个参照，管窥古代的物价水平，更多则是满足一下我们的好奇心罢了。

51
古人花银子如何找零

　　武侠小说里，有很多关于古人在饭馆吃饭的场景描写。江湖侠客走江湖，吃完饭后经常甩下一锭银子后潇洒而去，找钱都不用！古人真的都这么阔绰吗？

　　前面讲过，银子在宋朝才开始在市面使用，明清时期才成为主要流通货币。也就是说，宋朝之前到饭馆吃饭，你付银锭都没人敢收，这就跟今天在饭馆付账用支票的感觉一样。即使到了宋朝，饭馆使用银锭的概率也极低，因为银锭的"面值"太大了。

　　银锭俗称元宝，一般有十两和五十两两种铸造规格。宋代一两银子的购买力合今天人民币七八百元，十两的银锭就是今天七八千元钱，五十两的银锭就接近四万元了！所以银锭主要用于储藏财富和大宗商品付款，很少在市面流通。就像今人在饭馆吃一顿饭很难消费到七八千元，更不会不找零，除非花的不是自己的钱。

△ 十两银锭

△ 五十两银锭

△ 碎银子

古人在市面上最常用的是碎银子，面值要比银锭小许多。碎银子的重量不是标准化的，有大有小，比较随机。所以古人使用的时候会随身带两样东西：一是剪子，二是戥（děng）子。使用时，用剪子剪下适量的碎银子，用戥子称。这种剪子和一般的剪子不太一样，剪刀口很短，剪柄却很长很粗，这样利用杠杆原理可以更省力。戥子则是一种精确度极高的小秤，据说是宋代时出现的。戥子可以精确到厘，一厘大约是31.25毫克。不仅可以用来称银子，还可以用来称金子或中药等贵重物品。古人交易的时候，需要用多少银子，就用戥子称多少付款。戥子是中国古代花银子时必用的计量工具。法国著名史学家布罗代尔在《15—18世纪物质文明经济资本主义》一书里曾描述古时购物的人"随身带有钢剪, 根据所购货物的价格把银锭铰成大小不等的碎块。每个碎块都需秤出重量: 买卖双方都使用戥子"。小说《红楼梦》里也有诸多用戥子的片段, 比如第五十一回写道: "于是开了抽屉, 才看见一个小簸箩内放着几块银子, 倒也有一把戥子。麝月便拿了一块银子, 提起戥子来问宝玉: '哪是一两的星儿?'"

△ 装在匣中的戥子(中国华侨历史博物馆收藏)

　　古人在交易时用剪子剪银子还有一个作用, 就是验证白银的纯度, 例如剪开看看里面有没有掺假, 看断层是否夹铅等。另外, 古代经常花钱的人还会在腰上系一个铜铃形状的东西, 里面装有蜡块, 用于收集铰下来的银屑。银屑积到一定数量, 熔化蜡块就能回收成银子。古人在省钱方面也是绞尽脑汁, 并不是我们想象中那样的大手笔。你在穿越前一定要学会熟练使用剪子, 否则穿回去不会花钱事小, 如果剪掉手指那就赔大了。

52
古代下顿馆子多少钱

上篇说古代下馆子吃饭花不上一锭银子，那吃一顿饭到底能花多少钱呢？接下来咱们就详细算算。

下馆子花多少钱，关键得看你下什么样的馆子。宋代城市经济发达，民众富裕，下馆子吃饭比较常见，这方面留下的文献记载也较为丰富。咱们先以宋代为例，看看古人下顿馆子的花费。

最便宜的是路边大排档的小吃。《东京梦华录》记载，都城东京汴梁（今开封）街头小吃摊上的煎鱼、鸭子、炒鸡兔、粉羹之类的，每份不过十五文钱。咱们前面算过，宋代一文钱合今天七八毛钱，十五文就是十二元钱。这个价位不算贵，今天在北京买份卤煮也得二十多元钱。

陆游的《剑南诗稿》里记载"百文钱就能在农村点个菜喝个小酒"，这样算下来，在宋朝的苍蝇小馆吃顿饭也就是七八十块钱。

高档一点的，苏轼《东坡志林》里说"那时三两个士大夫小聚一下，通常花个五百文钱"，算下来合今天四百块钱左右。

大饭店就不同了，《都城纪胜》里记载，在南宋都城临安，就是今天的杭州，到酒楼里吃顿上档次的饭，都要在五千文以上，合今天4000元。

在宋徽宗时期东京汴梁的酒楼，官场宴请一顿饭都要在万文以上，合今天1万元上下了！不过，还有比官场宴请更贵的，那就是富二代追女生。在金庸的《射雕英雄传》里，郭靖请黄蓉吃顿饭，花了大约十九两银子。南宋年间，一两银子能换两千多文钱。十九两银子得折合今天三万多元钱，确实是大手笔！看来，无论在哪个朝代，撩妹子都是个费钱的事。

我们再看看其他朝代富裕阶层一顿饭得花多少钱。《红楼梦》里，刘姥姥去荣国府，在大观园吃了一顿螃蟹宴。这顿饭花了二十两银子，令刘姥姥不禁感叹"够我们庄户人家一年的开销了"。《红楼梦》的时代背景应该是清朝康熙年间。前面咱们算过，康熙时期一两银子的购买力大约相当于今天700元。也就是说，荣国府一顿饭花了今天14 000元左右。注意，这还是家宴，这个钱数就等于只是食材的价格。看来荣国府确实很有钱！

荣国府吃饭已经够贵了，但还有更贵的，那就是清朝官场上的公款宴请。道光年间，陕西粮道张集馨经常接待各地官员，每次公款宴请的花费都在两千两银子以上。并且他还留下了详细的公款吃喝记载："每次皆戏两班，上席五桌，中席十四桌。"上席必须有燕窝烧烤，中席必须有鱼翅海参。每席还要有活鱼、白鳝、鹿尾。张道台的职位拿到今天来算，比市长大，比省长小，差不多相当于今天的副省级官员。这家伙一次公款吃喝就花掉两千两银子，以乾隆年间一两银子合今天350元计算，张道台这一次公款招待就花了人民币70万。70万元吃了19桌饭，算下来一桌要三万多元。嗯，可能是酒比较贵，一桌五瓶茅台，一万块没了！

古人讲究"财不外露",可那时候又没有银行能存钱,古人都把钱藏在哪里呢?

普通人家没有多少钱,就把少量的铜钱穿成串挂在房梁上,随用随取。古代小偷也被称为梁上君子,为啥小偷爱上房梁呢?因为房梁上有钱!

古代还有类似存钱罐的小型储钱物件,叫作"扑满"。扑满一般为陶制或瓷制,形状像一把没有嘴儿和把手的茶壶,也有动物造型的,跟今天的储钱罐很像。扑满上方有一条短而窄的小孔,用于投币。有的扑满腹部还有一个凸起的环,用于拴绳子以便悬挂在房梁上。之所以叫扑满,意为"满则扑之",即"装满了就敲碎取用"。扑满在秦朝就已出现,在汉唐时流行。今天的中国台湾地区依然将储钱罐称为扑满,歌曲《孤独北半球》里就唱道:"记得把想念存进扑满。"

对于富裕家庭，家财万贯，扑满显然是装不下的。于是，古人就发明了扑满的plus版——储钱坛子。把钱财装进坛子，封好口，埋在自家院子或附近的隐秘处，等今后需要用大数目钱财时，再挖出坛子支取钱财。扑满相当于"零存整取"，储钱坛子则相当于"定期存款"。

古人埋坛子的时候还会在上面做一番伪装，最搞笑的方法就是在上面立块牌子，写上"此地无银三百两"。还有一种"多层掩埋法"——将装有大量钱财的坛子深埋，再将装有少量钱财的坛子埋在其上方浅层。这样一来，盗贼即便挖掘，往往也只能发现浅层的银子。民国时期的上海名医陈存仁家中分家析产，通过记载得知家里藏了20坛银子，但最初只挖出了8坛。剩下的12坛哪儿去了？家人又扩大挖掘面积，将房前屋后挖了个底朝天，也没能挖到。后来有经验的长辈提醒，在挖出8坛的地方继续往下深挖，最后果真又挖出了埋在深层的12坛银子。看来古人挖储藏的银子，真的要掘地三尺啊！

对于土豪家庭，坛子也会不够用，所以又有了坛子的plus版——钱窖。他们选择自家宅院里最安全的地方挖钱窖，窖口狭小隐蔽，内部空间与地窖类似，可存放上吨的钱财。2010年在陕西华县就发现了一个宋代遗留的钱窖，出土了数吨铜钱。钱窖里的钱财怎么还会被遗忘呢？其实历史上这种事并不少见，多是因为政治动荡或家族变故。例如有的大户人家被抄家了，就掩埋了钱窖，想等他日再回来取，但再也没了机会。又比如战乱突袭，举家被迫搬迁，来不及带走的钱财被遗落在钱窖里。陕西发现的这个宋代钱窖，很有可能就是因为当年金军南下，主人慌忙南逃，因而最终被历史的沧桑呼啸掩埋。

古时候也经常发生在老宅里挖出前人储藏钱财的事例，特别是在那些历史悠久的古城。古代没有"挖出文物上交国家"的规定，在自家宅院里挖出来的财物都归个人所有。宋代的洛阳就经常发生因为在宅院里挖出前代遗留的财物而暴富的事，以至于当时洛阳人买房子还要额外交一笔"掘屋钱"，给卖房人作为可能挖出钱财的经济补偿。文献记载："地内多宿藏，凡置第宅，未经掘者例出掘钱。"

除了深埋，古人还有许多奇葩的藏钱地方，比如说墙壁的夹层里。《汉书》记载，秦朝焚书坑儒时，孔子的后裔将古籍藏到孔子故居墙壁夹层中才得以保存。后来有钱人就用这个办法来藏钱，一直沿用到晚清民国时期。我还听说过一种清朝时晋商的奇葩存钱方式，就是将银子熔化后灌进地板，这样肯定丢不了。

近年，经常有老屋拆迁墙壁发现钱财的新闻。2014年，广东雷州一农村祖屋被台风吹倒，清理断壁残垣时在墙壁夹层里意外发现了29枚清末民初时期的银元，价值数百万。2016年，山东一座老屋拆迁，墙壁夹层发现大量铜钱，价值高达千万。如果你的家中有老宅祖屋，不妨拆开墙壁看看，没准儿你就会一夜暴富！

作为一国之国民，就要纳税，古今中外皆如此。那古人一年要交多少税呢？我们将以汉朝为例来计算一下。（友情提示：这篇文章涉及许多基础的数学四则运算，"数残"的朋友请慎重决定是否阅读。）

历史教科书总说汉朝税赋低，其实低的只是田租一项。汉朝老百姓需要交的赋税有很多种。第一部分是"田租"，属于土地税，你有多少田产，就要交多少税。田租一般交东西，例如谷物和刍稿，刍稿就是草料。我们一般说的汉朝"十五税一"或"三十税一"，指的就是这部分的税率。田租在全部赋税中只占小部分。第二部分是"赋"，赋属于人头税，按你家的人口数量交。不同的人，交的标准不一样。3~14岁的少年儿童，交口钱，每人每年交二十三钱。15岁就被看作成年人了，要交算赋，每人每年交"一算"，一算为一百二十钱。算赋要交到56岁。如果你家养奴婢了，每个奴婢每年交两算，这笔钱是需要主人交的。养奴婢加倍交算赋的做法是为了抑制豪族大户蓄养奴婢，使自由民减少从而影响国家财政收入，同时也是为了抑制家族豪强势力。如果是商人家庭，也要加倍，每人每年交两算。这是重农抑商的表现，怕大家都去经商影响农业生产。最悲惨的家庭是家里有大龄剩女的，汉惠帝时规定：女子从15岁到30岁还不出嫁的，加倍征赋，最高可达五算。这么做是为了鼓励结婚，多生育人口。剩女到了30岁就不用加倍交算赋了，因为国家也明白：过了30岁还没嫁出去的，这辈子可能都嫁不出去了！

第三部分是"更赋"，属于代替自己服役的"免役税"。那时的成年男子每年都要给国家服役。比如服"更卒"，就是一年给当地政府义务劳动一个月，挖个水渠，修个城墙。服"正卒"就比较坑了，要去首都给朝廷当兵。好在这种正卒一生只服一次，一次一年。最坑的要属服"戍卒"，每年都要去边境戍边三天。你家离边境近还行，离得远就惨了，戍边三天，路上来回都得走几个月！所以汉朝政府就出了个法子：你不去戍边也可以，但得交钱，国家花钱雇人替你干，一年一次三百钱。

汉朝老百姓还要交"献费"，献费献给谁呢？当然是皇帝！皇帝天天操劳国家社稷，时时惦记天下苍生，"孝敬皇帝"难道不是应该的吗？这就是皇权专制社会下的狗屁逻辑！汉朝的献费是每人每年六十三钱。

除了以上按照田产和人口数交的税外，还有以家庭为单位交的"户赋"，以家庭为单位，每户每年交二百钱。

另外，还有特殊商品消费税。汉朝时实行盐铁官营政策，因此与人们生活息息相关的盐是国家专卖，价格很贵，买盐就是变相向国家交税。

一个五口之家生活在汉朝，假设家中有两儿一女，一年交的赋税加起来大约在两千钱，另外还要上交粮食产量的7%。当然，这个交税总额是在你家没有剩女的前提下。如果你有一个成年还嫁不出去的女儿，交的税更多！

那汉朝的一个家庭收入是多少呢？根据凤凰山10号汉墓出土的竹简来看，一户家庭最多能有50亩地，汉朝一亩地的粮食产量大约是两石，所以一户家庭一年大约有一百石的收入。这是比较富裕的家庭了，要知道，当时一个县令的收入也就是一年四五百石。再按照粮价换算，收成比较好的年头，一石粮食大约是五十钱。一百石就是五千钱，再交给国家两千钱，税收达到了40%左右。你可能觉得这个税率太高了。但秦朝时征收的是"泰半之赋"，意思是税收达到个人总收入的三分之二。与秦朝相比，汉朝的赋税真的算得上"轻徭薄赋"了！

55

古代哪个行业最赚钱

俗话说"敲锣卖糖，各干一行"。古代也是行业众多，唐朝时就有三十六行的说法，后又延伸出七十二行和三百六十行的说法。这些都只是行业种类的约数，实际上远不止这些。这么多行业里，哪一行的生意是最赚钱的呢？

很多人首先会想到清朝的广州十三行。的确，清朝实行闭关锁国的政策，只授权广州十三行做对外贸易，其经营的是垄断性业务，所以利润非常高。十三行的行商们，个个都富可敌国。总行商伍秉鉴，在道光十四年时的资产已达2600万银元，折合白银2000万两左右。要知道，当时清朝政府一年的财政收入也就4000万两左右。《华尔街日报》对伍秉鉴的评价是"拥有世界上最大商业资产的天下第一大富翁"。可见，伍秉鉴就是那个时代的世界首富。

垄断性的对外贸易只存在于特殊时期，是特殊体制造就的产物，不具有普遍性。而在古代常见的行当里，最赚钱的应是贩盐。

盐是维持人生命的必需品。在没有冰箱的古代，盐可以腌制食物使其减缓腐败变质。盐在古代的战略地位，类似于今天的石油。而且盐不是每个地区都出产，因而具有稀缺性。可一旦发现某一地区产盐，其开采成本又很低，所以，古代的产盐地就像今天的中东产油国，闭着眼睛都赚钱。

但这么赚钱的行业，古代政府是不会放过的。我国很早就对盐实行官营了。春秋时，齐国之所以强大，很大程度是因为实行了管仲的"官山海"政策，国家专营盐业，"便鱼盐之利"。战国时，秦国商鞅变法，也有相似的政策。汉朝初年，盐业开放民营，很多贩盐的商人成为巨富豪强，富比王侯，让中央政府极其担忧。汉武帝时，常年对外战争，国家财政吃紧，又开始实行盐业专卖，即"盐铁官营"政策，由官府直接组织食盐生产、运输和销售，禁止民营。汉朝政府获得巨大利润，这才缓解了连年战争导致的财政危机，另外，也一定程度上抑制了地方豪强势力。以后的历代政府，都对盐业严格管制。在很多朝代，贩卖私盐是和谋反一样的重罪。但尽管如此，依然有许多亡命之徒冒着杀头的风险贩卖私盐，因为利润实在太高了。

私盐的利润率有多高？根据《续资治通鉴长编》记载，北宋时，政府在陕西垄断经营的青海盐售价是每斤四十四文，而在青海产地的价格每斤仅为五文，开采成本则更低。一般情况下，售价是成本的20倍甚至更多。在今天，这个利润率估计也只有贩毒能达到了。暴利之下，私盐贩子自古便富可敌国。甚至有些私盐贩子靠贩卖私盐起家，然后组建军队，起义造反。比如隋末的程咬金、唐末的黄巢、元末的张士诚，都是贩盐出身的农民起义领袖。

到了明清，政府对盐业改为特许经营，给商人发放"盐引"，类似今天的特许经营许可，凭盐引可在盐户那里合法收购食盐，然后再转运倒卖。食盐低价买高价卖，日进斗金不在话下。为了获得盐引，盐商需要承担官方分配的任务，比如向军区运送军粮。当然，盐商也需要向主管盐业的官员巨额行贿。清朝主管盐业的官员是各地的"盐道"，也是"最肥"的官职。

明清两朝的盐业，是官商勾结获取暴利的典型行业。当时盛极一时的晋商和徽商，就是在盐业特许经营制度下靠官商勾结而起家的。徽商贩盐产业的集中地是交通便利的扬州，扬州盐商有着极高的智商和情商，能够牢牢抓住统治者的心理，时刻想方设法讨好权贵。乾隆皇帝七次下江南，扬州盐商都主动请缨负责接驾事宜，把乾隆伺候得非常舒服。乾隆在位时有个叫鲍志道的盐商，他在担任淮盐总商的二十年间，共向朝廷捐银两千余万两、粮食十二万余担，受到政府的多次嘉奖。伺候好了权贵，自然能获得权力的庇护从而赚钱，扬州盐商正因深谙此道才成为明清时期最富有的商人群体。

56
古人有夜生活吗

古代中国是传统的农耕型社会，大部分人遵循着"日出而作，日落而息"的作息时间。在先秦时就已经有的十二时辰计时法中，晚上9点开始的亥时又名"人定"，意思是人得定住了，该睡觉了。其实古人也不是天黑了就马上睡觉，多少还是有点夜生活的。不同阶层的人，夜生活的丰富程度也不尽相同。

对于广大农村民众而言，天黑后就大多都睡觉了。毕竟那个时代照明太贵了，无论是油灯还是蜡烛，都是普通民众消费不起的，蜡烛得到明清时期才能进入平民阶层。所谓的"挑灯夜读"，那都是古代有钱人家的生活方式。小说《阿Q正传》里，富裕的赵家人为了节省灯油，到了晚上也不经常点灯。

平民人家如果睡不着，最普遍的夜生活就是借着月光家人一起唠嗑。内容比较正经的叫"讲古"，长者们往往会给后生们讲讲历史故事和礼仪规范，有时候还会讲一些人生经验。长者们谈笑风生地讲古，不光能打发时间，还有社会教化的作用。正所谓"老人不讲古，后生会失谱"。内容不正经的唠嗑就是讲各种邻里八卦，故事笑话，或者一些荤段子，统称为"讲白话"。"讲白话"的内容中，最受欢迎的是民间志怪鬼故事，以及嘲笑讽刺"傻子"的笑话，猎奇与娱乐是古今人皆有的通性。唠完嗑后大家就都上床了，如果还不睡觉，可以"为爱鼓掌"，除此之外，并无其他娱乐方式。

城里面稍微好一点，晚上还能听一听巡夜人员打梆子的声音，提醒你注意防火防盗。唐朝之前，城里人想晚上出去逛是不可能的。因为那时有严格的"夜禁制度"，晚上出去上街会挨揍的。唐朝法律就规定：诸犯夜者，笞二十。《三国志》里记载，曹操当年执法严格，灵帝宠爱的宦官蹇硕，其叔父晚上出来溜达，犯了夜禁，被曹操处死，从此都城就没有再敢犯夜禁的了。此事足以看出古代的夜禁制度的严格。统治者之所以严格夜禁制度，是为了防止违法犯罪和民众造反，根本上是为了维护君主专制体制。唐朝中后期，随着社会经济的发展和政府控制的松弛，夜禁制度逐渐废弛。根据学者考证，扬州城是第一个废止了夜禁的城市。

到了宋朝，夜禁制度彻底取消，北宋都城开封彻底成为不夜城。每至傍晚，夜市开始，民众可以到酒楼茶坊欣赏音乐舞蹈，有点类似今日的演艺类酒吧夜总会。《东京梦华录》记载："凡京师酒店门首，皆缚彩楼欢门……向晚灯烛荧煌，上下相照。浓妆伎女数百，聚于主廊楝面上……"开封城里，夜晚最繁华的要属马行街，灯火通明，人声嘈杂，烟雾缭绕。蚊子最怕灯油，所以马行街连蚊子都没有。那里娱乐场所众多，除了曲艺之外，卖卦、喝故衣、探博、剃剪、纸画、令曲、讲史等各类娱乐游戏应有尽有。宋朝夜市还有很多地摊大排档，二十文便能买一份小吃，合今天十来元钱。这些夜市大排档的营业时间很晚，有的营业到凌晨，等收摊的时候，早市营业者已经出摊了。古人这种幸福的夜生活只在宋朝持续了三百年，元朝重新开始夜禁，明清循之，于是古人的夜生活又复归沉寂。

尽管古代常有夜禁，但权贵阶层在自家还是可以通宵娱乐的。他们晚上开夜趴，搞酒会，还有各种海天盛筵。历史上最为著名的豪门夜趴，要属南唐兵部尚书韩熙载的夜宴了，其场面还被记录到名画《韩熙载夜宴图》里。韩熙载的夜趴里，有琵琶独奏，有六幺独舞，有管乐合奏，场面非常热闹。参加这场夜趴的，不光有官员权贵，还有新科状元，甚至还有韩熙载的和尚朋友。古代的和尚也爱夜生活啊！其实无论生活在哪个时代，要想过得好，你都得有钱！

△ 古代的夜趴（出自顾闳中《韩熙载夜宴图》）

古人大部分不上班，只有政府官员等少数群体有假期，那他们的假期有多少天呢？

先秦时期的文献有限，休假制度也无从考证了。但那个时代世卿世禄，官员都是世袭的，当官既是自己的工作，又是日常的生活，既然是给自己干，放假与否也就无所谓了。

汉朝时，官员每工作五天放假一天，称为"休沐"。沐，是指洗头发，也就是说每五天放假一天让你回家洗头发，顺便探亲。《史记》记载："每五日洗沐归谒亲。"为何汉朝把洗头发看得这么重要呢？因为汉朝官员上班是"寄宿"制，平时的吃住都在官衙里。官衙里洗头发不方便，而古人又都是长发，五天不洗就得出油，所以每五天给你放假一天，让你回家收拾干净了再回来为皇帝服务。这样做，也能提升政府的形象和权威。试想，如果老百姓看见的官员都是胡子拉碴，头发打绺，像叫花子一般，谁还会听你管？汉朝的休沐就如同今天的周末，中国是最早过周末的国家。

除了休沐假外，汉朝还有节日假。汉武帝时，中国人开始过春节，于是就有了春节假期。另外，冬至和夏至日也可以放假一天。这样算下来，汉朝官员一年的假期总共有60天左右。西汉时，官员还可以花钱买假休。郎官只要出钱给宫中添置财物，就可以出宫购物获得休假。古代老百姓服劳役时可以花钱免役，郎官花钱买假也类似这个路数。

到了唐朝，官员已经不需要在官署寄宿了，下班后直接回家，于是休沐假自然也失去了存在的基础。不过考虑到官员为皇帝服务太辛苦，唐朝也给官员放假。由于公务繁忙，休假太多耽误工作，所以把每五天休一天改成了每十天休一天，称为"旬假"。那唐朝人的假期减少了吗？并没有，虽然例假少了，但节日假变多了。唐玄宗时，颁布了关于假期的红头文件《假宁令》，规定"元正（元旦）、冬至，各给假七日"。这样，唐朝人比当代提前一千多年发明了"黄金周"。《唐六典》中对官员的节日假记载得非常详细，除了两个黄金周以外，寒食节连着清明节放假四天，中秋节、夏至、腊月各放假三天，像立春立冬等重要的季节节点各放假一天。此外还有宗教节日，比如四月初八浴佛节。据历史学家陈联陞统计，唐朝的节日假总共有53天，再加上平时的旬假，唐朝官员每年的假日至少能达到100天。

宋朝是中国历史上生活最舒服的朝代，假期自然也不会短。《文昌杂录》载："官吏休假，元旦、寒食、冬至各七日；上元、夏至、中元各三日；立春、清明各一日；每月例假三日。岁共六十八日。"另外，宋朝的地方官衙，每年腊月二十就停止办公了，叫作"封印"，让官员准备回家过年。那什么时候"开印"呢？只要在来年的正月二十前即可。这样算下来，宋朝官员过年时实际能放假一个月。此外，宋朝还有很多奇葩的临时假日。比如太祖父亲腊月初七去世，就曾放了七天假。仁宗的母亲腊月初十生日，就曾放了三天假。真宗时，因传有"天书下降人间"的祥瑞之事，又将正月初三日定为"天庆节"，放假五天。这样算下来，宋朝的实际假期加一起比唐朝还要多一些。真心感觉宋人的生活幸福指数达到了古代的高潮！

到了元明清三朝，中央集权进一步发展，为了加强对社会的控制，官员工作自然不敢放松，旬假逐渐淡化甚至一度被取消。节日假也少得可怜，明朝《古今事务考》中说："国朝正旦节（元旦）放假五日，冬至三日，元宵十日。"最恐怖的是朱元璋时代，他自己是个工作狂，因此也不许员工休息，一年只放假三天。综合各种说法，明清两朝每年的假期最多不超过50天。

纵观古代假期长短的变化，本质上体现的不光是统治者人性化的增减，也是朝廷对社会管控程度的变化——越是专制的时代，就越需要加强对社会的管控，官员的假期也就越少。

58

古人如何寄信

"烽火连三月，家书抵万金。"在通讯技术落后的古代，寄信是最常见、最重要的信息通讯手段。那古人是如何寄信的呢？有人会想到古代的驿站系统，遍布全国，高效快捷，还有"五百里加急"。但你想多了！驿站是专门给皇家和官府使用的，跟平民没有关系，那个时代"不为人民服务"。

△ 古代的邮递员（出自"邮驿图"画像砖，甘肃博物馆收藏）

作为普通民众，寄信最常见的方式就是找熟人捎带。

古人一般不出门远行，除非特殊情况，比如说书生赶考。如果是秀才去考乡试，一般去省城，这样省内信件就可以捎带了。如果是举人考会试，那就得进京了，基本上半个中国都能捎带了。

官员调转或进京述职，也可以帮人捎带信件，前提是你得有个做官的朋友。有的官员朋友太多，出行时帮人捎带信件也会成为负担。《世说新语》就有一则故事：东晋有个官员叫殷洪乔，在豫章（江西南昌）做郡守。他从南京述职后回豫章，当地的朋友就托他捎带信件，好家伙，一共有100多封信！到了南京以后，殷洪乔把这些信全扔到了水里，嘴里念叨："沉者自沉，浮者自浮，我殷洪乔又不是信差！"其实这事在今天也有类似的版本：你要出国旅行，突然好多朋友让你去免税店帮忙买东西带回来，给你列了长长一个单子，你说烦不烦？

除了熟人捎带，寄信的第二种方式是找专门的代理人邮寄。亲戚朋友出差可遇不可求，而有的行业则是定期规律性出差，比如说古代的商人群体。商人经常出去行商，走南闯北，速度也快。所以找商人捎带信件是很不错的选择。商人捎带需要付费，一般是几十文到上百文不等，折合今天百八十块钱。送到目的地时，如果收信人热情好客，还会留捎信人吃顿饭。

另外，古代还有专业的信客，专门以帮人传递信件或物品为业，是那个时代的快递小哥。信客这一职业一直到20世纪还存在，余秋雨就写过散文《信客》，对其有细致的回忆。

古人寄信，都会把信放在密封的细长筒里面，一般是竹筒，这样既能保证信件不被损坏，也能保证隐私安全。这种装信的桶叫作"邮筒"，在唐朝时就有这一称呼了，并一直沿用至今。

古代还有用飞鸽传书的，但成功率比较低。距离近一点的还行，远的就很难了，毕竟鸽子没有GPS导航系统。飞鸽传书一般只能飞单程，寄信人从出发地出来时带着鸽子，到目的地把信件拴在鸽子身上，让鸽子飞回出发地送信。你想让鸽子飞到别的地方送信？不好意思，鸽子做不到啊！另外，有些地方的人爱吃鸽子，鸽子送信途中甚至可能"因公殉职"。王老师生活的城市长春，旁边有个伊通县就以烧烤鸽子闻名，很难有鸽子能够活着飞过伊通的上空。虽然飞鸽传书成功率较低，但古人也有提高成功率的办法，用多只鸽子传递内容相同的信件，活着飞回去的概率就大了。

在家书抵万金的时代，收到家人或朋友的信件是十分不易的事，所以才会倍感幸福，这种幸福感在通讯发达的今天是很难体会到的。所以古人倍加珍视信件背后所带来的情感慰藉，那才叫"纸短情长"。在车马慢的时代，情侣间写一封信寄出，收到时可能已过去半年。所以说那个时代"一生只够爱一个人"，不像现在，手机随时可以撩一撩，半年时间都谈完好几场恋爱了。

59
古人如何运输"加急快递"

"一骑红尘妃子笑，无人知是荔枝来。"大家都知道杨贵妃爱吃荔枝。然而在交通并不发达的古代，杨贵妃的荔枝是怎么运输的呢？

首先我们得先了解荔枝的运输距离。杨贵妃吃的荔枝，可能有两个产地，一是巴蜀，二是岭南。巴蜀是今天的四川和重庆一带，唐朝时那里的气候比现在暖和，盛产荔枝，杨贵妃吃的荔枝可能产自合江或涪陵。岭南即两广和海南一带，至今依然是各种水果的重要产地。杨贵妃当时住在唐朝的都城长安，巴蜀到长安的距离相对不算太远，有一千多公里，北上越过秦岭就可到达。尽管如此，唐玄宗为了心爱的人能更快一点吃到荔枝，还动用国家力量，为运送荔枝修建了"高速公路"。早在秦朝时，为了加强对地方的控制，全国就已修建起四通八达的国家级道路。之后的历代王朝又沿用并扩建，组成了我国古代的全国道路交通网。其中很重要的一条就是从长安南下子午谷，翻越秦岭，通往汉中、巴蜀的"子午道"。唐玄宗就是在子午道的基础上，修整开辟出一条更为便捷的路线，并沿途设立驿站，用来运输荔枝，所以历史上又称之为"荔枝道"。

"荔枝道"上的最快运输速度有多快呢？当年安禄山在范阳起兵造反，范阳到长安郊外的华清宫相距一千五百公里，六天之后，唐玄宗就得知了这一消息，可见当时最高的行路速度可达每天二百五十公里。"荔枝道"运送荔枝的速度应该和这个差不了太多，一千多公里的路程，快马加鞭五天也就送到了，只怕会累死狂奔的"皇家快递小哥"。

快马运输，道路会很颠簸，荔枝很容易就会被挤压成"荔枝汁"。而且荔枝收获时节的天气很炎热，搞不好就会腐烂变质。但杨贵妃吃到的荔枝是新鲜完好的。《新唐书》记载："妃嗜荔枝，必欲生致之，乃置驿传送，走数千里，味未变已至京师。"当时是怎么做到保鲜运输的呢？王老师看过两种说法。

第一种是"竹筒保鲜运输法"。采摘下的新鲜荔枝，连枝带叶放于竹筒中并用泥巴密封，这样运输既保鲜又防压。第二种运输法更为用心，可称"木箱低温运输法"。制作一个带夹层的木箱，在夹层里填充棉花和羊毛，将新鲜的荔枝和冰块一起放入木箱内部并密封，便可保证运输时箱内低温保鲜。此方法堪称世界上最早的冷链运输技术，通过这种方法运输到长安的荔枝，色香味俱全。

杨贵妃也吃岭南的荔枝。两广地区光照时间长，荔枝的味道更甘甜。《新唐书》中便有杨贵妃吃岭南荔枝的记载："杨贵妃嗜鲜荔枝，岭南节度使张九章乃置骑传送，奔走数千里至京师。"多说一句，这个张九章，就是那个写出"海上生明月，天涯共此时"的大诗人张九龄的弟弟。杨贵妃得宠时，各地官员争相进贡，张九章因进贡荔枝得到了皇帝的垂青，官至户部侍郎。可岭南到长安得有二千多公里的路程，前面说过，唐朝最快的运输速度是一天二百五十公里。二千多公里的路程，得要10天的时间，荔枝烂了怎么办呢？一种比较靠谱的推测是"荔枝树整棵运输法"：在荔枝将熟还未熟时，就连根带土地将整棵荔枝树移植到盆里，然后用船水运北上。快运到长安的时候，荔枝也快熟了，这时将荔枝摘下，再用驿站快马加鞭运到长安。

　　看来，古代皇帝撩妹子也是个技术活。但杨贵妃也因爱吃荔枝而背上了历史黑锅，包括杜牧在内的一大票人，恨不得将唐朝的衰败都归咎于杨贵妃。其实岭南进贡荔枝的历史在汉高祖时就开始了，那时的南越王就进贡过荔枝。到了汉武帝时，还曾将荔枝树移植到长安上林苑。但长安气候养不活荔枝，汉武帝因此还杀了看护荔枝树的人。一直到清朝乾隆时，还有福建进贡荔枝的记载。帝王们吃荔枝没事，杨贵妃吃荔枝就国将不存，这是什么道理？红颜祸水的根源还是在于她们背后的男人，女人只是背黑锅的而已。

60
古人出行如何认路

今天我们去陌生的地方旅行，无论是开车自驾，还是背包步行，都不用担心迷路，因为现在的导航设备太发达了。就在十几年前，还没有这样发达的导航设备，司机开车远行，只能靠随身携带的道路交通图。到了陌生的城市里，如果想找一个具体的地方，地图又没有详细标注，那你就得找向导了。那时候，每个城市入城的公路旁，都会有许多"职业向导"，手持一张白纸站在路边招揽生意，纸上写着"指路十元"之类的。这种向导一般都是当地人，对当地的道路交通非常熟悉。

那在没有导航且交通欠发达的古代，古人出行是如何认路的呢？

古代的交通工具落后，但道路交通网还是比较普及的。秦朝统一天下后，为了加强对全国的控制，正式建成了连接全国的道路交通网，将以前各诸侯国的主干道路连接起来，并将道路的标准和车轨宽度统一，这就是"车同轨"制度。以后的历朝历代都沿袭了秦朝的做法——江山要想坐得住，先修全国高速路。

这种政府主持规划并修建的道路，古代称之为官道，也做传递官方信息的驿道使用。官道的主干线以都城为核心，向地方最高一级的行政单位和大都市辐射。干线下面又有若干分支，连接地方上所有的城镇。以清朝为例，官道分为三个等级。第一等级是"官马大路"，从都城北京向全国辐射，是通往各大省城的官道干线，这类道路相当于今天的收费高速公路。第二等级是"大路"，主要从省城通往该省下辖的各重要城市，类似今天的国道。第三等级是"小路"，从大路或各重要城市通往下属城镇，相当于今天的省道。所以，沿着官路走，基本能到达全国各个城镇。

那古人怎么能知道官路的分布和走向呢？靠的也是交通地图，古时候叫作"路程书"。特别是宋朝以后，由于商品经济的发展，大量商人要在全国走南闯北，需要有具体的道路指导，各类水陆路程书和地图就应运而生。路程书记载主要道路的分布和走向，为人们的出行提供了极大的方便。明朝时最著名的路程书是《一统路程图记》，它既是一部路程书，也是一部行商指南。另外，官员进京述职，也需要路程书和地图指导赶路。据《古杭杂记》记载，宋朝时"驿路有白塔桥，印卖《朝京里程图》，士大夫往临安，必买以批阅"。

使用路程书和地图的时候，要如何识别路线方向正确，不走偏呢？古代的主路两旁都栽有树木，可以以此辨别道路的走向。《国语·周语》载："列树以表道。"路旁栽树的目的，一是能够方便过往路人庇荫纳凉，二是表明路的走向。所以，只要沿着规则排列的树木走，基本不会跑偏。

那如何判断走了多远呢？古代的主要官道上，官府会沿途每隔一段距离就建一座驿站。唐朝时，全国"凡三十里一驿"；宋元两朝，六十里一驿；明朝时，六十里或八十里一驿。驿站的功能类似于今天的高速公路服务区，里面可以吃饭、住宿、换马等，但只为官府服务。尽管一般民众不能享受驿站服务，但可以根据驿站判断行路的距离和此刻所处的位置。今天我们在高速路上行车时，就可以通过里程牌来判断目的地的距离。而古代也有类似的"里程碑"。至少从东汉开始，官道上就已经设置了用于判断距离的"堠"。堠是一座小土堆，每五里设置一座，当作判断距离的标记，是为古代的"里程碑"。

在岔路口如何判断走哪条路呢？古代也有类似路标的指示牌。在湖南邵阳地区，至今还有古代遗留下来的道路指示牌，叫作"挡箭碑"。"挡箭碑"立于道路交叉口，碑上有字，会标明左走某处、右走某处、前面是哪方、后面是何地。如果没有路标，最笨的办法就是到路口找人问路，一般重要道路的交叉口都是交通要道，即便没有驿站，也会有人烟。还需要说明的是，古人出行不太爱走陆路，如果有水路能走，一定不会选择陆路。特别是隋朝开通大运河后，南北行走的商人，大多会选择到运河沿线的码头乘船赶路。如果是走运河，基本上就不会走丢，毕竟没有跑偏的机会。

61

古人上学要花多少钱

随着改革开放以来经济社会的迅速发展，人们对美好生活的向往也越来越强。为子女创造良好的教育条件是每个家长的心头大事，为此买学区房，报课外班，各种"为孩子的明天"努力。也正因此，教育费用成为许多家庭开支中的大头儿。那么，古代的学校什么样？学费贵不贵呢？

中国古代的学校分为两大系统，一是官学，二是私学。

所谓官学，是指中央朝廷和地方各级官府直接创办和管理的学校。中央级别的官学，就是我们经常听到的太学和国子监。地方官学，就是各级行政区划内官府办的学校，又称乡学或学宫。《周礼》称："乡有庠（xiáng），州有序，党有校，闾有塾。"庠、序、校、塾就是古代地方各级学校的名称，后两个名称我们熟悉，但前两个名称大部分人是不知其含义的。记得读大学时，我们历史学院大厅有面镜子，上面漆有四个字"荫泽庠序"。当时大部分同学都不认识第三个字，更别提理解这句话的意思了。后来我们终于明白了，这就是荫泽学校的意思。

西周时，中央和地方的各级官学就已经蓬勃发展，形成了"学在官府"的传统。官学本身，既是学校，也是政府机构，教师也是由官员兼任。西周的官学是不收学费的，以后历朝历代的官学也大多免费。那官学的经费来源是哪里呢？主要是靠政府拨款，还有士绅商人的捐赠。宋朝时，由于人口数量庞大，官学学生太多了，光靠拨款和捐赠难以满足官学开支。于是，宋朝开创了一种"学田"制度。所谓学田，就是国家拨给学校或者学校自行购置一定数量的土地，作为学校的固定资产并租给附近的农民耕种，所获得的收益就可以用作官学的开支。后来中央的国子监也开始实行学田制度。学田制，为以后各朝各代教育经费问题的解决提供了范例，保证了官学的免费就读。

官学不光免费就读，有时候还能领到一些零花钱。比如宋代的太学，不光免学费，吃住也免费，学生每月还可领1000文。宋代1000文，其购买力大约合现在的800元，这些钱现在的大学生也够花了，要知道，这是除了吃住以外的纯零花钱。当然，在古代能上官学也是很不容易的。初期，官学就读的大多是贵族子弟，属于权贵阶层；唐宋之际，官学开始向平民子弟打开大门，但得是学习特别好的才俊。古代官学的免费，有点类似于20世纪90年代之前的大学免费。那时候读大学，不光免费，还管吃管住，毕业还分配工作。

需要注意的一个现象是，古代的官学也会收一些自费生。比如汉代的中央太学有两类学生，"正式生"和"特别生"。正式生由中央直接选拔入学，属于公费生，政府还发俸禄；特别生由地方选送到太学，属于自费生，尽管也不需要交学费，但没有俸禄，食宿费用需要自理。所以，太学中有些贫寒的子弟，需要一边学习一边做小工，这就跟今天的打工上学类似。

接下来我们再看看古代私学的费用。

私学的开创者是孔子，他提出"有教无类"的教育思想，给了普通大众读书的机会。私学的老师不是政府官员，国家财政也不支付其工资。古代官学的老师相当于今天有编制的教师，而私学教师没有编制。私学类似今天的补习机构，上学得交学费，孔子定的学费标准是十条束脩，束脩就是肉干，类似今天的腊肉。这个价格说贵不贵，说便宜也不便宜，因为那个时代吃肉还是不容易的。那如果交不起肉干，是不是就没有机会上学了呢？也不是。老师也可以不收你学费，但你得帮老师家干活，以工代费，有点像今天导师带研究生的意思。

后来私学渐渐普及，运营模式也成熟起来。私学的经费来源也趋于多样化，有地方士绅的捐赠，还有政府的补助，所以个人缴纳的学费也逐渐降低，普通家庭也能承受得起了。以明清为例，一个学生读私塾的费用一般为每年80斤到120斤小麦。这个数量，当时半亩地的产出就足够了。清朝人口剧增以前，一户中等自耕农的家里大约能有5亩地。这样算下来，一个学生的上学费用约占到全家年收入的十分之一。

62

古人上学累吗

中国自古就是一个重视教育的国度，这也是我们的文明之所以能够生生不息的原因之一。那古人上学累吗？咱们就来考察一下。

汉朝时的中央官学是太学，其教学制度并不是很严格。没有规定毕业年限，也不注意考勤，上课和学习都比较随意。但太学非常注重考试，用考试的方法督促学生自主学习。这一点跟今天西方的大学比较像，学校不重视日常考勤，鼓励学生自主学习，在考试上见分晓。汉朝太学的考试是一年一次，也叫"岁试"。岁试的考试方式叫"设科射策"。考试前，考官将写有考题的竹简根据难易程度分为两科，学生根据自己的水平选择一科，然后进行抽签选题。抽签的方式很有趣，考生任意投射案上的试题竹简，射中哪个就答哪个，有点像今天公园里的套圈游戏。经过岁试，成绩好的可以授官，成绩不好的勒令退学，成绩一般的就继续留在太学读书。这么看来，汉朝人读书完全靠自觉，具体累不累要看个人。

到了唐朝，中央官学的模式大体上与汉朝类似，但考试的频率大幅度提高。唐朝的考试有旬考、月考、季考、岁考等诸多名目。今天的中学生也有周考、月考、期中期末考、模拟考等，真可谓"古风犹存"。另外，唐朝有严格的劝退制度，连续三年考试不合格、在校九年未毕业、旷课太多等情况都会被勒令退学。考试多，规矩多，所以唐朝学生真心比较累。也许是太累的缘故，唐朝设立了固定的假期。每十天休一天的叫"旬假"，类似今天的周末。"田假"和"授衣假"一次休15天：田假在农历五月，让你回家帮助干农活；授衣假在农历九月，让你回家准备冬季衣物。"田假"和"授衣假"类似今天的寒暑假。

隋唐时建立了科举制，极大加重了古代学生的学业负担。为了考科举，学生们都是日夜苦读。所以，唐朝之后的学生上学只能更累。

官学如此，私学也不可能轻松。私学的师资和平台都比不上官学，所以学生得付出更多的努力。但是私学没有统一的教学制度标准，各类私塾、书院都是自行安排作息时间，一般天亮即入学，下午放学。尽管放学比今天早，但放学后的作业很多。古代科举考试需要熟背经典文献，所以大家放学后得继续背书。必背的儒家经典"十三经"，原文和注释加起来有60多万字，这可不是今天背几首古诗和几篇文言文能比的。明代文人谢肇淛有"夜读书不可过子时"的名言，子时是现在的晚上11点到次日凌晨1点，说明那个时候读书到凌晨是普遍现象，所以才会有这种劝告。

要说古代上学最累的，还得是清朝的皇子群体。清代史学家赵翼曾大发感叹："本朝家法之严，即皇子读书一事，已迥绝千古。"清朝皇子6岁即入学，15岁封爵后方可毕业。清朝皇子的上课地点一般在上书房，在皇帝的寝宫附近。皇子居住在紫禁城北边御花园附近的皇子所，两地距离不近，所以天不亮就要赶路上学了。比上朝的大臣还要早，因为要比老师早到一个小时温习前一天的内容。每天的课程也非常繁重。早上5点就要开始上第一节课，类似今天的外语课，学习满语和蒙古语，有时还要选修一些藏语和维吾尔语。第二节课是汉文课，类似今天的语文和历史，不但要学儒家经典著作，还要学《史记》《汉书》等官修史书本朝先辈的创业史以及先帝留下的圣训。这节课时间最长，要从早上7点多到下午3点左右。最后是体育课，要学骑马和射箭，下午5点才能放学。每天上学期间除了吃饭时间只能休息两次，每次15分钟。更为恐怖的是，他们没有周末，没有寒暑假，一年当中只有5天能够休息——春节、端午、中秋、皇帝生日和自己生日。即便是大年三十那天，也只能提前放学而已。这种严苛的教学模式使清朝皇帝的文化素养都很高，远高于明朝皇帝。所以，别以为生在皇家就能一辈子吃喝玩乐，在清朝当皇子可没那么容易！

　　科举制自隋朝创立以来，一直是古代知识分子进入仕途和实现理想的阶梯，广大文人对科举考试也是趋之若鹜。文学作品里有很多古代文人进京赶考的故事，常常伴随着人生的大起大落。那科举考试到底是什么样的流程？进京赶考又是怎样的操作方式？这一篇我们就以明清两朝的科举考试为例，真实还原一次古人的"进京赶考"全过程！

　　很多人将今天的高考类比为古代的科举考试，这种类比并不十分恰当。尽管二者都是考试，但其目的性还是有很大区别的。今天的高考是为了获得高等教育的资格，古代的科举考试则是为了获得做官的资格。所以从考试目的角度看，古代的科举考试更像今天的公务员考试。但从参加规模和社会影响力的角度看，科举考试和今天的高考又很像，都备受全国瞩目。因此，高考的规模和公务员考试的目的合二为一，就更像古代的科举考试了。

所谓的进京赶考，是指到京城去参加会试和殿试，这已经是科举考试后半段的内容了。在进京赶考之前，科举考试还有若干次的资格考试和初级考试。

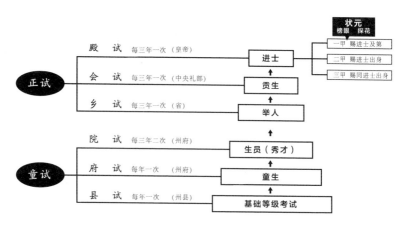

△ 科举流程图

正式科举考试之前，考生必须先通过资格考试。这种资格考试被称为"童试"，童试之后才有资格参加科举考试的"正试"。童试要经过三个级别的考试，分别是"县试""府试"和"院试"。县试是古代读书人参加的第一次官方考试，考试地点为其所在县，一般由知县（相当于县长）主持。县试一般在每年的农历二月举行。考前一个月，县衙会公告具体考试日期。考生需要提前报名，报名时要提交三份证明材料——"亲供""互结"和"具结"。亲供相当于今天的考生基本信息表，包含祖上三代信息，包含本人姓名、年龄、籍贯、体格、容貌特征和曾祖父母、祖父母、父母三代姓名履历，以确保你家是良民世家。所谓互结，是指考生要找一同参考的五位考生写一份承诺书，承诺如一人作弊则五人连坐，这是古代科举防止作弊的无奈手段。所谓具结，是请本县廪生（优等秀才）提供的"认保"材料，证明考生不冒籍、不匿丧、不替身、不假名，而且出身清白，不是娼优或皂吏的子孙，本人也未从事过戏子之类的"贱业"。这一环节类似今天的政审。县试一般考五场，分别考八股文、试帖诗、经论、律赋、策论等。鲁迅就曾经参加过晚清的县试。据鲁迅弟弟周作人日记记载，鲁迅当年在500多名考生中排名第137名，但在县试后没再参加府试，而是去了南京矿务学堂改读新式学校。

县试合格者将参加第二级资格考试，叫作府试。府试一般在每年的农历四月举行，考试地点在府城，相当于今天的市。府试一般由知府（相当于市长）主持，连续考三场。府试又合格的考生，被称为"童生"。尽管童生这个名字看着很年轻，但很多读书人一辈子连童生都很难考过。年纪小的童生可能十二三岁，年纪大的，六七十岁的童生也不少，甚至在有些家里，爷爷和孙子可能都是童生。

府试合格的童生，接下来要参加"童试"的最后一级考试——"院试"。院试每三年举行两次，每次连续考两场。院试的主持者是每省的学政。学政是每省主管官学和院试的官员，其职能相当于一省的教育厅长。但与一般省官不同，学政由皇帝直接从中央委派到地方，其性质类似钦差大臣，级别和地位都很高。学政任期三年，任期内依次到每省下辖的府或州主持院试。

院试通过了，考生的身份就不再是童生了，而是"生员"，俗称"秀才"。秀才的社会地位比普通百姓高，并享有一些特权。比如见了知县不用下跪，还不需要服国家的差役和徭役。另外，秀才还有资格进入官学上学，成绩最好的被称为"禀生"，还可以按月获得国家发放的粮米。考中秀才已经很不容易，按照鲁迅参加的那次县试的人数计算，500余名考生最后录取了40名秀才，比例不高于8%。

虽说秀才已经有了一定的社会地位，但因秀才数量众多，在社会上也并不算稀罕。而且秀才还没有资格出任官员，在官本位的中国古代，也没人太把秀才当回事，顶多是敬重。在《儒林外史》里，范进考中秀才的时候，他岳父胡屠户还奚落他"尖嘴猴腮"，丝毫不把他放在眼里。但当范进考中举人之后，胡屠户就马上变脸了，低三下四地称范进为"贤婿老爷"。这前后变化的原因来自秀才和举人身份的悬殊。那秀才如何变成举人呢？答案是接着考。

考中秀才之后，考生就有资格参加科举考试的正试了。正试也分三个级别，分别是乡试、会试、殿试。

乡试三年举行一次，一般在天干地支纪年中的子、卯、午、酉年举行。由于考试时间多在农历八月，正值秋季，所以乡试又称"秋闱"。主考官一般由进士出身的在京翰林或部院官员担任。考试地一般在省城，有专门的考场，叫作贡院。乡试共考三场，初九、十二、十五日各一场，每场考一天。发榜在九月，正值桂花开放，所以又称为"桂榜"。通过乡试后，考生的身份就从秀才变成举人。

成为举人之后，就意味着脱离了民众阶层，正式进入了"士"这个阶层，可以做官了。举人不光免役，而且还免税。所以，很多拥有土地的人宁愿将自己的土地放在举人的名下，用此方式来逃避国家税收。另外，地方官府不能对举人用刑，即使犯了重罪，也得上报朝廷革去举人资格后才能用刑，类似于今天人大代表的待遇。当然，举人的考取率也是很低的。有学者统计过：明朝应天府的乡试录取率为7.26%；清朝人口剧增，乡试的录取率更是低到了1.68%。如果按照鲁迅那次童试秀才录取率8%的比例综合计算，一个读书人从第一次县试算起，到乡试考中举人，其成功率最多不过0.6%！2015年北京考生考上清华北大的录取率为0.8%左右，考举人比这还难，怪不得范进中举之后会高兴得疯掉！

考中了举人，考生还不能忙着高兴，得马上准备乡试之后的会试。会试一般在乡试之后第二年的农历三月举行，时值春季，所以又叫"春闱"。会试由礼部主持，主考官由皇帝钦定。会试的考试地点在北京的礼部贡院，大多数举人的生活地距北京路途遥远，一般乡试考完的当年腊月就要启程出发，开始真正的"进京赶考"。

举人们进京赶考，需要路费盘缠，这些国家会替他们准备好。

清朝顺治年间，参加会试的举人会得到国家给予的路费补助，视路途远近，每人十到二十两不等。顺治年间银子的购买力高于康熙乾隆时期，这笔银子的购买力得合今天的人民币一两万元。另外，同乡的乡绅地主也会资助路费，一来是对文化的重视，二来是为了结交今后前途无量的官绅阶层。与路费同时发放的，还有官府为举人准备好的路引。在明朝，出行百里以上就得有官府开具的路引，类似于计划经济时代的介绍信。在专制时代，没有路引私自外出的人，一旦被发现就会按律治罪。

举人在出发前还可以到官府领取一面火牌。火牌是使用沿途驿站的凭证，古代的驿站只为官府服务，民众无权使用。但举人进京赶考持有火牌，到沿途驿站就可以使用役夫三名，驿站没有役夫时还会折现给举人银子。举人进京赶考所乘坐的车叫作公车，公车上插有一面黄布（黄色为御用颜色）做成的旗帜，旗上书写"奉旨会试"或"礼部会试"四个大字，十分威风。看到这面旗帜，沿途所有关卡必须无条件放行，而且不得收取任何过路费。沿路的土匪盗贼看到了这面旗帜也会敬而远之——倒不是说土匪也重视文化，而是抢劫举人根本就抢不到几个钱，且风险极大，因为官府对抢劫进京赶考举人的案子惩处非常严重，毕竟人家是"奉旨考试"。

举人还可以利用自己的特权赚些路费。比如商人会在行商路上带上一位举人，利用举人免税的特权逃避沿路税费。举人在路上不光吃喝免费，最后还会分到一些钱。还有的举人利用自己的特权打起了歪主意，夹带违禁货品来赚钱。光绪年间有位云南新平的举人，进京路上私带鸦片沿途售卖，共得银三四百两。这些都是举人里的贪财之辈，终究不占多数。

那到了北京，举人们住在哪里呢？有亲友的投靠亲友，没亲友的可以住在客栈，更多的则住进了"会馆"。所谓会馆，类似今天各地在北京设立的驻京办事处，主要用来招待老家来京公干的官员或赶考的举人。大部分举人一进京就直奔本省会馆，这里既安全又方便，伙食也合家乡口味。因为会馆里经常住一些来京候命的地方官员，所以会馆还是举人们了解官场、结交人脉的名利场。

在会馆居住复习一段时间后，就要迎来礼部会试了。会试分三场举行，一场考三天，所以要自备饭食和油灯。考试的时候，一人一个考棚，一个考棚只能容下一张桌子，其空间类似今天厕所一个蹲位那么大。会试的过程是非常辛苦熬人的。参加会试的举人，都已经是各省读书人中的佼佼者、大浪淘沙后的胜利者了，但会试这关仍要残酷地淘汰掉大多数人。以明朝万历五年的会试为例：4500余人参加考试，最终仅录取了300人。

会试后的录取者被称为贡士，从字面理解，是贡给天子的士。成为贡士后的一个月，考生就要参加科举考试的终极考试——殿试。殿试由皇帝亲自主持，清朝殿试的考场在紫禁城的太和殿，乾隆后改为保和殿。殿试只考一天，考完后由皇帝钦点的阅卷官阅卷。阅卷时，每名阅卷官要阅览全部试卷，并在试卷上画代表等第的五种符号，最高等第的符号是圈圈。最后，选出十张画圈圈最多的试卷，交由皇帝亲自审阅并选出前三名。

最后就是放榜公布成绩了。所有考生按照成绩高低分为三等，分别为"一甲""二甲"和"三甲"。一甲就三个人，是皇帝钦点的，第一名称状元，第二名称榜眼，第三名称探花。二甲一百多人，三甲也是一百多人。看到这里，大家也看出来了，殿试是没有淘汰机制的，只是一个排位赛。也就是说，所有参加殿试的贡士都会通过考试成为进士。区别仅在于进士的级别不同，一甲叫作"进士及第"，二甲叫作"进士出身"，三甲叫作"同进士出身"，其实都是进士。

△ 考生观看录取榜单（出自仇英《观榜图》）

考中进士后，仕途之路便正式开始了。明清两朝，考中进士后的出路一般有三种。最优出路是进翰林院，翰林院里高官云集，也是高官的培养地。进了翰林院就相当于今天进中央党校进修，前途无量。状元一般授官翰林院修撰，榜眼和探花授官翰林院编修，分别为从六品和正七品，相当于今天的处级干部。二甲中一些成绩好的，也会进翰林院，担任庶吉士。庶吉士并非正式官职，相当于实习生，在翰林院跟高官学习为官之道。进士的次优出路是留在北京到朝廷各部门做官，即做京官。明清时期官场有个说法："人中进士，上者期翰林，次期给事，次期御史，又次期主事。"翰林是最佳选择，去不了翰林院也要到中央各部任职。进士最差的出路就是到地方任职，一般从知县这个级别做起。也就是说，考中了进士，最差也能弄个县长当。

以上就是以明清为例的科举考试全套流程。看完是不是心潮澎湃，也想穿越回去考个进士？但要做好心理准备，考进士没那么简单，也许你考到80岁都考不中。清朝时山东就有个叫王服经的进士，考中那年已经84岁。清朝江苏还有个名叫王岩的读书人，86岁通过会试，还没来得及参加殿试就去世了。这两位读书人真正做到了"活到老考到老"！

64
古人有身份证吗

　　身份证是今天国人证明自己身份的重要文件，外出办事时必须携带，否则寸步难行。那古人如何证明自己的身份呢？古代也有身份证吗？

　　古人的确是有"身份证"的，但一般不是每个人都有。在古代，政府官员在执行任务时需要证明自己的身份。所以，古代有"身份证"的大部分都是官员，这种身份证属于职业身份证明。全民持有身份证的制度，似乎只在战国时的秦国出现过，其创立者是商鞅。

　　战国末期，秦孝公任用商鞅在秦国推行变法。为了有效控制民众，商鞅发明了一种"照身帖"。据说这种照身帖由一块光滑打磨的竹板制成，上面刻有持有人的头像及籍贯信息。秦国人必须有照身帖，如若没有便会被认定是黑户或者外籍非法逗留人士。商鞅还规定：民众出行或者投宿旅店时必须携带照身帖，否则关口不可放行，旅店老板亦不得留宿，违者严惩。照身帖可视为中国最早的身份证。

商鞅发明了身份证，最后却因自己的发明"作茧自缚"。商鞅因变法得罪了很多人，在其后台支持者秦孝公死后，那些憎恨商鞅的人要反攻倒算，商鞅随即果断跑路。然而，因为照身帖的问题，商鞅最终跑路失败。明人余邵鱼的《周朝秘史》对这段故事有详细记载：

> 鞅走至函关，天色将昏，扮为商旅投宿，店主求照身之帖验之。鞅曰："吾无照身帖。"店主曰："吾邦商君之法，不许收留无帖之徒，如有受者，与无帖之人同斩，决不敢留！"

商鞅之后的历代王朝，只有政府官员在执行任务时需要证明自己的身份，"身份证"就仅局限官员阶层使用了，毕竟他们才是有身份的人。

隋唐时期，官员的身份证是"鱼符"。鱼符的制作材料根据官位品级高低而不同，其中亲王及三品以上官员的鱼符材质为金，三品以下五品以上为银，六品及以下则为铜。鱼符上刻有官员的姓名、任职部门和官位品级。官员在执行公务或出入皇宫时须出示鱼符，类似于今天的工作证或通行证。鱼符分左右两半，左符放在皇宫内廷，右符由持有人随身携带，这样可以验证鱼符的真伪。鱼符的使用方法类似于先秦时就已有之的虎符，但二者的作用还是有区别的：虎符是用来调兵的证明，相当于今天的调令；而鱼符是官员人人持有，属于个人的职业身份证明。

今天，如果谁家找了一个有钱有势的女婿，我们常说这家人钓到了"金龟婿"。"金龟婿"这一说法，就是源于唐朝的鱼符制度。武则天之前，唐朝的鱼符是鲤鱼形的。武则天称帝后，怕人们

△ 辽代契丹文鱼符（辽宁博物馆收藏）

看到鲤鱼会睹物思人想起"李氏"江山，因为"鲤"和"李"同音，遂将鱼符改成了龟形。龟在古代星宿崇拜中代表玄武，和武则天的"武"谐音。这样，三品以上官员的鱼符就变成了"龟符"，于是就有了"金龟婿"的说法。

唐代还将鱼符制度推广到了海外，当时番国使者也都会领到唐朝政府发放的符。这种符以雌雄来分，雄符留在唐朝政府，雌符（有十二块之多）交给番国来使带回去。该国再有来使，则以雌雄符相合来证明其真实身份。

到了宋代，鱼符制度渐渐被废除，官员的身份证变成了腰牌。明朝的腰牌也叫"牙牌"。牙牌的材质不再局限于金属，还有用象牙、兽骨、木材等材料制作的。明朝的官方牙牌分五种，分别标记为勋、亲、文、武、乐。《明史》记载："牙牌之号五，以察朝参：公、侯、伯曰'勋'，驸马都尉曰'亲'，文官曰'文'，武官曰'武'，教坊司曰'乐'。"明朝时，不仅官员持有牙牌，大户人家的家眷仆从也携带腰牌以表明身份。清朝的腰牌不仅要有姓名、工作、官位等基本信息，还要写上持有人的面部特征以防止别人冒用，已经有点类似于现在的身份证了。

古代还有一些特殊的身份证，用于特殊职业或临时事务时使用。比如和尚的戒牒或度牒，用以证明其和尚身份，方便化斋和从事宗教事务。古代的娼妓也有身份证，以证明自己的正规娼妓身份，方便业务开展。前几年，重庆发现了一枚疑似清代娼妓腰牌的东西，引起了不小的争议。古代商人行商或举人赶考使用的"路引"等物，属于一种临时事务身份证，具有很强的时效性，它更像我国计划经济时代的介绍信之物。

△ 明代皇城校尉铜牌（中国国家博物馆收藏）

△ 锦衣卫指挥使腰牌（首都博物馆收藏）

中国近代意义上的身份证制度，诞生于民国时期的宁夏。第二次国内革命战争时期，宁夏省主席马鸿逵大肆搜捕镇压共产党人，并对所辖人口进行登记甄别。1936年的某一天，马鸿逵无意中看到了《史记》里的《商君列传》，眼睛顿时亮了！受到商鞅照身帖的启发，马鸿逵在宁夏开始推行身份证制度。当时的身份证叫作"居民证"，由白布制成，长7厘米，宽3厘米，上面写着持有人的姓名、年龄、籍贯、职业，以及身高、面貌、手纹箕斗形状等个人特征，以这种居民证来甄别"良民"身份。马鸿逵的发明，也算是"以史为鉴"了。

65

古代的社会福利机构

社会福利机构主要是对孤儿、孤寡老人等弱势群体提供救助服务的机构。社会福利机构的建立和普及，体现的是人性的关爱和社会的文明进步。尽管中国的社会福利机构是从近代西方传入的。然而在古代，中国的社会福利事业一直走在世界前列。

古代的社会福利事务最初多由民间承担，比如汉代以来形成的世家大族、宗族组织以及宗教团体等。这些团体会救助身边的弱势群体。佛教传入我国后，寺庙也能承担一些社会救助职能，《西游记》里的唐僧就是一个由寺庙养大的孤儿。

到了宋朝，经济繁荣，社会发展，迎来了中国古代文明的巅峰时代，以至于有学者将宋朝视为中国近代之开端。宋朝的城市文明已经有了近代的模样，完整的社会福利体系就是重要证明。可以说，宋代的社会福利体系在古代社会是空前绝后的。在宋代的诸多社会福利机构中，代表性的机构有施药局、安济坊、居养院、漏泽园等。

与今天以赚钱为根本目的的莆田系医院不同，宋朝的施药局为穷苦民众提供医疗服务，不以盈利为目的，看病时只收本钱，对于特别贫困的穷人还免费发放药物。

安济坊和居养院是宋徽宗时普及完善的社会救助和养老机构。《宋史》记载，宋徽宗曾下诏："置安济坊养民之贫病者，仍令诸郡县并置。"安济坊主要给患病的穷苦民众提供医疗服务，类似一个免费医院。当时规定，凡是有1000户以上的城镇都必须设置安济坊。居养院，主要是针对孤寡老人、穷人、孤儿的居养机构。其中，针对孤寡老人的居养院后来叫作安老坊、安怀坊等，名称不同，性质一样，类似今天的官办免费养老院。在宋朝，凡是60岁以上的孤寡老人，都有权利进入居养院。居养院中，针对孤儿的部分叫作慈幼局，其性质相当于今天的儿童福利院。

通过名字我们很难猜到"漏泽园"这个机构的功能。实际上，它是一个福利性质的殡葬机构。在宋代，凡是无主的尸骨或者因家贫无法安葬的死者，都由政府负责安葬，安葬的墓地被称为漏泽园。漏泽园的建立，不仅给了贫穷者最后的往生体面，还能有效地改善居住环境和防止疫病流行。

中国台湾经济史家侯家驹将宋代社会福利评价为"由胎养到祭祀"，堪比今天西方福利国家"从摇篮到坟墓"的社会福利体系。

在宋代，中国人的生活水准与文明程度远高于世界其他国家，这也是本书开篇之所以说宋代是最幸福时代的原因。

谈及宋代的社会福利，一个有趣的现象是，宋朝的社会福利体系大多是在宋徽宗时期完善的。其中，蔡京所推行的居养院、安济坊和漏泽园制度"无疑是北宋社会救济制度发展的高峰，在中国历史上是空前的，甚至也在元明清三代之上"。这就有点讽刺了，因为宋徽宗时代被很多后人认为是宋朝最腐败的时期，蔡京也被认为是大奸臣。按很多人的理解来看，这两位老先生不应该干这么多好事啊！这一问题就是历史学界有名的"蔡京悖论"。明清之际的大学者顾炎武在谈及此问题时就说："漏泽园之设，起于蔡京，不可以其人而废其法。"

对于这一问题，王老师的看法与顾炎武一致。对待历史，我们应该秉着实事求是的态度，不应该把人物脸谱化，而是要将历史人物全面还原——有则有之，无则无之，不能简单扣帽子了事，更不能为了我们想要得到的价值观而刻意回避历史真相或制造历史假象。宋徽宗和蔡京，可能算不得后世人眼中的"明君贤臣"，但其对古代社会福利事业所作的贡献并不能因此被否定。

66
古代的孤儿院

上一篇我们讲了古代的社会福利机构，这一篇我们将其中很有代表性的儿童福利院详细说一下。

宋代的儿童福利院叫作"慈幼局"。慈幼局可以视为世界上最早的官办孤儿院。慈幼局的出现，与我国自古就有的一个陋习有关，这个陋习就是溺婴。

溺婴之风在中国由来已久，指的是孩子出生后大人不想养，就放在水里溺亡。古代的溺婴行为多是针对女婴，早在先秦时期就已有之。《韩非子》中就有"产男则相贺，产女则杀之"的记载。宋代的溺婴行为也很常见，苏轼的《东坡志林》里记载："鄂渚间田野小人，例只养二男一女，过此辄杀之，尤讳养女""近闻黄州小民贫者生子多不举，初生便于水盆中浸杀之"。古人溺婴的原因主要有三点：一是古代避孕措施欠缺，很多计划外生子不想抚养；二是古代重男轻女观念根深蒂固，生了女孩也不想养；三是一些穷苦的人家，经济拮据，生了孩子养不起。针对溺婴这种非人道行为，政府设立了"慈幼局"，用官方抚养的办法减少溺婴行为。

元明两朝，官方的孤儿收养行为一度中断，直到明朝末年有所恢复。到了清朝，脱胎于慈幼局的育婴堂开始普及。我们可以通过清朝育婴堂的运行方式来窥视一下中国古代的孤儿院。

育婴堂接收婴儿时会记录到达时间，婴儿的五官四肢状况，还会询问婴儿的捡拾地点和捡拾状态等相关信息，将这些都记录在"收婴册"上。育婴堂的婴儿都是从哪儿来的呢？清朝的城市里有专门的"收婴设施"，一般是在城门附近安置一个大木箱，人们见到被遗弃的婴儿就会将其放入木箱中，看守者会将遗弃在木箱内的弃婴送至育婴堂，还能因此得到一些跑腿费。这套系统和今天城市里的"婴儿安全岛"非常类似。

弃婴者也可以将婴儿直接送至育婴堂。弃婴都是怕人知道的不耻行为，为了避免弃婴者身份公开，育婴堂设有一种保密的"收婴设施"。在育婴堂的外墙，会有一处墙体被掏空，墙体上安装一个大抽屉。弃婴者在墙外侧将抽屉拉开，将婴儿放入后关上抽屉。这种抽屉在墙的两侧都能拉开，听见抽屉里婴儿的哭声后，育婴堂的工作人员就会在墙内侧把抽屉拉开，接收弃婴。民国时期的画家丰子恺就曾画过一幅描绘育婴堂接收弃婴的画作，叫《最后的吻》，画上就有这种特殊的"收婴设施"。

育婴堂的开支来自于民间资助和政府拨款，属于官民合办的组织。育婴堂里的孤儿长大后，育婴堂还要负责给其安排出路。男孩长大，要为其找到愿意收为养子或雇工的家庭，且不准由娼妓家认养，也不准被领养去当奴仆。另外，还不允许育婴堂向领养者索要钱款。女孩长大，则为其找到愿意收为养女或养媳的婆家。小说《红楼梦》里的秦可卿就是孤儿出身，是由其养父秦邦业从养生堂抱回的。这里的养生堂和育婴堂是一回事，但清朝叫育婴堂的更多。

人类社会的进步是循序渐进的，古代也不一定都是黑暗与落后。我们今天努力构建的社会福利体系，很多都能在中国古代找到影子或源头。与漫长的人类历史相比，我们现代只是短暂的一瞬。从更高的角度看，古代只是我们的上一秒。

什么是历史？简而言之，就是过去的事。过去的事又分为自然万物之演变和人类社会之发展，即自然之历史和人类之历史。然而，国人对历史的目光所及范围，大部分是比较狭窄的，更多关注的是人类历史，而且只是人类历史中的王朝更替等政治事件。大凡此类，仿佛茶余饭后随便聊两句帝王们的奇闻轶事便是在探寻历史的奥秘，而这其实是对历史的狭隘理解。

法国历史学家布罗代尔在1958年提出了著名的"历史三段论"，他认为历史应该依据时间分为三类：短时段、中时段、长时段。短时段历史主要指政治事件，帝王将相之事便属于此类；中时段历史则是社会的、经济的、文化的和人口的历史；长时段历史则反映了人们与地理环境的关系，如地理气候、生态环境的变化。短时段是政治的历史，只构成了历史的表面层次，对整个历史进程只起微小的作用；中时段是社会的历史，对历史进程起着直接和重要的作用；长时段是自然的历史，构成整个历史发展的基础。因此，研究历史不应局限于短时段，而应从中时段和长时段去考察，这样才能从根本上把握历史的总体。

长久以来，我们大众对历史的关注多集中在历史的短时段。本书则立足于历史的中时段，摒弃对帝王将相的关注和对王朝兴衰的探寻，将注意力转移到历史上芸芸众生的日常生活。因为帝王将相离我们普通人太过遥远，王朝兴衰也不由普通民众决定，这些对历史进程的影响只是表层作用，都不会影响中华文明的屹立。相比之下，普罗大众的日常生活才能被我们一般民众真切体会，才是我们之所以为中国人的点点滴滴，才是我们最为重要的文化基因。

我是一名中学历史老师，2009年于东北师范大学历史系毕业，随后躬身中学的三尺讲台，不觉已十年有余。从教期间，我发现学生们对古人的日常生活很感兴趣，特别是对其中的细节充满了好奇。2018年，抖音短视频兴起，我注册了"讲历史的王老师"的账号，将古人生活细节的小知识整理上传到抖音，意外获得了大家的喜爱，仅半月时间，粉丝数就涨到一百万。之后，由于工作较忙，加之本人有较重的拖延症，抖音视频更新时断时续，至今大约有一百期，累计播放一亿多次。这期间，陆续有几家出版社找我商谈出书事宜。最后，我选择了读客文化股份有限公司，一是基于对这家公司以往成绩的信任，二是我比较喜欢的历史通俗作家与前辈"二混子"陈磊先生也是这家公司的签约作家。这样，才有了呈现在您面前的这本十余万字的小书。

本人才疏学浅，加之社会生活史的资料繁杂，考证不足和谬误待商榷之处在所难免，在此恳请读者和历史爱好者们批评指正。

林语堂先生曾经说过：男人的演讲就如同女人的裙子，应该越短越好。这篇后记也应如此。

最后，感谢您的兴趣与阅读！

2019年5月16日于东北师大附中

激发个人成长

多年以来，千千万万有经验的读者，都会定期查看熊猫君家的最新书目，挑选满足自己成长需求的新书。

读客图书以"激发个人成长"为使命，在以下三个方面为您精选优质图书：

1. 精神成长

熊猫君家精彩绝伦的小说文库和人文类图书，帮助你成为永远充满梦想、勇气和爱的人！

2. 知识结构成长

熊猫君家的历史类、社科类图书，帮助你了解从宇宙诞生、文明演变直至今日世界之形成的方方面面。

3. 工作技能成长

熊猫君家的经管类、家教类图书，指引你更好地工作、更有效率地生活，减少人生中的烦恼。

每一本读客图书都轻松好读，精彩绝伦，充满无穷阅读乐趣！

认准读客熊猫

读客所有图书，在书脊、腰封、封底和前后勒口都有"**读客熊猫**"标志。

两步帮你快速找到读客图书

1. 找读客熊猫

2. 找黑白格子

马上扫二维码，关注"**熊猫君**"

和千万读者一起成长吧！

图书在版编目（CIP）数据

古代人的日常生活 / 讲历史的王老师著. -- 南京：
江苏凤凰文艺出版社，2019.9
（读客这本史书真好看）
ISBN 978-7-5594-3545-3

Ⅰ.①古… Ⅱ.①讲… Ⅲ.①中国历史 - 通俗读物
Ⅳ.①K209

中国版本图书馆CIP数据核字(2019)第064155号

古代人的日常生活

讲历史的王老师 著

责任编辑	丁小卉			
特约编辑	徐 成	周 喆	沈 骏	
封面设计	陈 晨			
责任印制	刘 巍			

出版发行　江苏凤凰文艺出版社

　　　　　南京市中央路165号，邮编：210009

网　址	http://www.jswenyi.com
印　刷	天津联城印刷有限公司
开　本	880 毫米 × 1230 毫米　1/32
印　张	8.5
字　数	168千字
版　次	2019 年 9 月第 1 版
印　次	2021 年 4 月第 8 次印刷
标准书号	ISBN 978-7-5594-3545-3
定　价	49.90 元